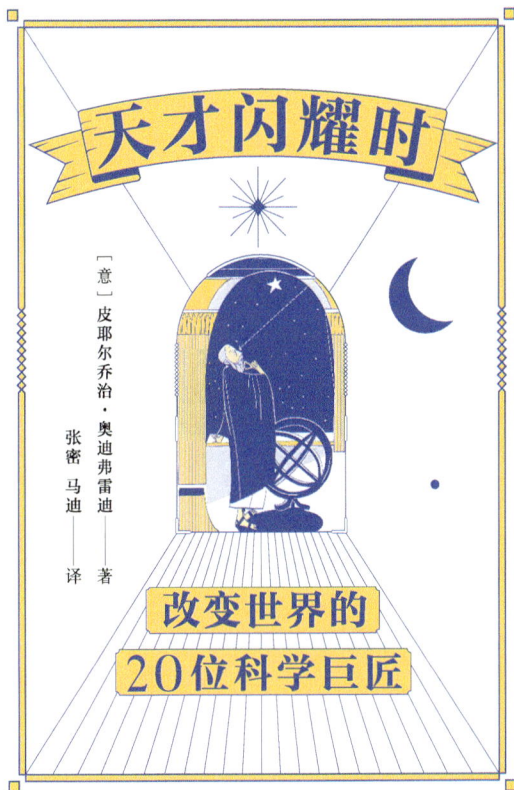

TURING 图灵新知

天才闪耀时

[意] 皮耶尔乔治·奥迪弗雷迪 —— 著

张密 马迪 —— 译

改变世界的 20位科学巨匠

人民邮电出版社

北 京

图书在版编目（CIP）数据

　　天才闪耀时：改变世界的20位科学巨匠 /（意）皮
耶尔乔治·奥迪弗雷迪著；张密，马迪译. -- 北京：
人民邮电出版社，2024.8. --（图灵新知）. -- ISBN
978-7-115-64685-9

　　Ⅰ. K816.1

　　中国国家版本馆CIP数据核字第2024SZ0312号

内 容 提 要

　　本书通过生动的叙述，带领读者跨越时空，深入了解那些在人类科学史上留下不可磨灭印记的科学巨匠们。这些先驱者凭借其超凡的洞察力和创新精神，推动了数学、物理学、化学、生物学、天文学以及计算机科学等诸多领域的发展。从泰勒斯、毕达哥拉斯、阿基米德到哥白尼、伽利略、牛顿，再到达尔文、麦克斯韦、普朗克、爱因斯坦等，每位科学家的故事都闪耀着智慧之光。他们挑战传统、坚韧不拔的精神不断激励我们追求知识、探索未知。本书不仅让读者一窥人类文明发展的脉络，理解科学是如何塑造我们的世界的，更重要的是，它旨在启迪年轻读者心智，了解科学巨匠的思维方式和解决问题的方法，从而激发他们对科学探究的渴望和热情。

　　本书适合对科学和科学家感兴趣的青少年和教育工作者阅读。

　◆ 著　　　　 [意] 皮耶尔乔治·奥迪弗雷迪
　　 译　　　　 张　密　马　迪
　　 责任编辑　 魏勇俊
　　 责任印制　 胡　南

　◆ 人民邮电出版社出版发行　　北京市丰台区成寿寺路11号
　　 邮编　100164　 电子邮件　315@ptpress.com.cn
　　 网址　https://www.ptpress.com.cn
　　 北京九州迅驰传媒文化有限公司印刷

　◆ 开本：880×1230　1/32
　　 印张：6.75　　　　　　　　　　 2024年8月第1版
　　 字数：154千字　　　　　　　　 2024年8月北京第1次印刷
　　 著作权合同登记号　图字：01-2023-4377号

　　　　　　　　　　定价：69.80元
读者服务热线：(010) 84084456-6009　 印装质量热线：(010) 81055316
反盗版热线：(010) 81055315
广告经营许可证：京东市监广登字20170147号

作者简介

皮耶尔乔治·奥迪弗雷迪

从意大利都灵大学逻辑学专业毕业后,在都灵大学和美国康奈尔大学任教。

与意大利众多报纸有着合作关系,包括《新闻报》和《共和国报》,多年来致力于传播知识与思想,发表了许多文章和传记作品。同时,他还参与指导了罗马数学节的活动。

这是他献给年轻读者和广大书迷的第一本书。

插画师简介

安东尼奥·罗塞蒂

来自意大利塔兰托的漫画家和插画家，出生于 20 世纪 90 年代，在都灵制作了一段时间的巧克力蛋，之后回到普利亚开始漫画创作。

他曾与 Bao Publishing 出版社合作出版图画书《翁贝托》（*Umberto*）以及《无处可去的艾略特·史密斯》（*Elliott Smith-Going Nowhere*），是 Sbucciaginocchi 团体和独立品牌 Melanzine autoproduzioni 的创始成员之一。

他的生活和工作都一直洋溢着对茄子的痴迷。

---

* 全书插图来自意大利原版书中的插图。为尊重原版书风格，保留了插图的绘画风格。

——编者注

目　录

泰勒斯漫游金字塔

（约公元前600年）

如果我问你，史上最聪明的人是谁，又或者，20世纪最伟大的天才是谁，你会怎样回答呢？这个问题显然难以作答。

就拿诺贝尔基金会来说，每年它都会颁发诺贝尔物理学奖、化学奖、生理学或医学奖、经济学奖和文学奖，这些奖项的得主实至名归。

不过，就算是诺贝尔基金会也会有拿不定主意的时候，所以，每个领域的奖项有时是一人独享，有时候是两个人或三个人分享。结果，从1901年到现在，诞生了将近1000名诺贝尔奖得主。显然，很难判断这些人中谁是最聪明的人。

谁是最聪明的人？这个问题在古代就有人问过。一天，德尔斐①神谕告诉信徒：阿波罗②打算送给最聪明的人一只三条腿的板凳。

所有被问到的信徒都一致推荐泰勒斯，他是当时著名的哲学家和数学家。不过，泰勒斯为人非常谦逊。当收到礼物时，他觉得自己不配，就提议把它送给另一名信徒。

那名信徒本来可能是想收下的，可是一想到泰勒斯都没拿，他也不

---

① 古希腊著名的神谕所。——译者注

② 古希腊神话中的光明之神、语言之神，也是音乐和诗歌之神。——译者注

好意思要。于是，他又提议把礼物送给下一位。就这样，大家击鼓传花般一直让了下去。

就这样传了六次之后，第七名信徒说，最配得上这个礼物的人还是泰勒斯。三脚凳绕了一圈，又回到了泰勒斯手上，而这七位信徒则被后世尊称为"古希腊七贤"。不过，他们当中泰勒斯的影响力最显著。

泰勒斯不仅聪慧过人，还十分幽默。

例如，他认为生与死之间没有区别。有人就问他为什么不去死，他回答道："正因为没有区别，我何必多此一举呢!"

还有人傻呵呵地问他："白天和黑夜，哪个在前?"他灵机一动，回答说："白天之后是黑夜，黑夜之后是白天。"

不过，令泰勒斯声名大噪的还是他的埃及求学之旅。大家可以把它想象成学校组织的徒步旅行，只不过泰勒斯走得更远，去的地方更神秘。

吉萨是开罗附近的一个城市，那里至今还矗立着三大著名金字塔：胡夫金字塔、哈夫拉金字塔和孟卡拉金字塔，其中胡夫金字塔是古代世界七大奇迹之一。

时至今日，三大金字塔已有大约 4500 年的历史，而在泰勒斯的时代，它们也已先行存在了大约 2000 年。但是，那个时候，建造金字塔的文明早已消亡。与泰勒斯同时代的埃及人已失去了对先人认知的记忆。

当时，埃及人无法判断金字塔有多高，于是就问泰勒斯这位来自希腊的游客能否计算出金字塔的高度。泰勒斯做到了，他也因此而声名远扬。

现如今，回答这种问题简直是小菜一碟。那三座金字塔有多高？上网查查不就知道了！

就算是真的去了吉萨，在手机上随便下载一个应用不就行了，还用得着自己测吗？

确实，现在的手机应用五花八门，但这也要归功于像泰勒斯这样的天才们。现在我们用的各种稀奇古怪的小玩意儿，包括智能手机在内，所依托的技术实际上都是由这些天才发明的。

因此，我必须得给你讲讲泰勒斯和其他天才的想法，这样你才会明白科学是多么重要！

来吧，想想看，仅凭双手，怎么计算一座金字塔的高度。恐怕你现在要抓耳挠腮了吧！你可能会说："爬上塔顶，从上面扔下一个超长的卷尺。"

这样的话，只要把卷尺从塔顶沿着金字塔四个三角形坡面的一条边拉直，就能轻易测得其中一个三角形坡面的一条边长。

三角形坡面的高也很容易测量。把卷尺从金字塔顶点向其中一个三角形坡面底边的中点拉直就行。

不过，金字塔的塔身高度在其内部，而非外面！要想直接测量，就得从塔顶垂直地往下钻洞，一直钻到地面。这显然是无法实现的！

面对难题的时候，身为一名数学家，泰勒斯的做法是从更容易的问题开始。

也就是说，他并不是一上来就去计算金字塔的高度，而是先计算一座方尖碑的高度。方尖碑就是一根高高的柱子，其顶上是一个小棱锥。

如果你擅长运动，就可以爬到方尖碑的顶上，然后拿出一个卷尺，让它一直垂到地面。不过，你也知道，这并不能解决测量金字塔高度的问题（后简称"金字塔测高问题"）。

然而，泰勒斯灵机一动。他并没有费力地去爬方尖碑，而是在地上

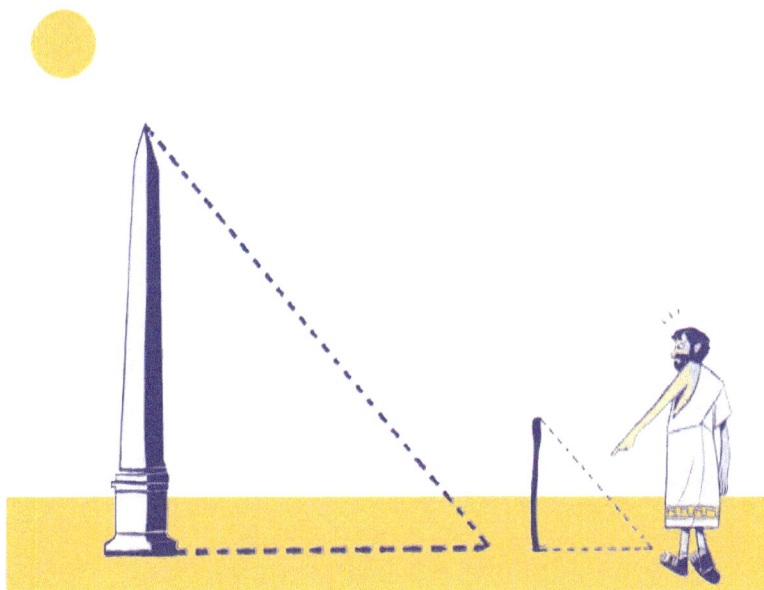

竖起一根木棍，然后观察木棍的影子与方尖碑的影子是否平行。的确，太阳距离我们太远了，阳光几乎是平行地射向地球表面的。

这样，泰勒斯就可以观察两个物体与其影子所形成的两个三角形了。他发现它们是相似直角三角形；两个三角形的高分别是木棍和方尖碑的高，底分别是木棍和方尖碑的影子。

那一刻，泰勒斯有了灵感。他发现了我们如今在学校里学的定理：相似三角形对应边成比例。

也就是说，方尖碑的高与木棍的高、方尖碑的影子长度与木棍的影子长度都是成同等比例的。

现在，我们知道木棍的高，也可以用卷尺量出两个影子的长度。如此一来，方尖碑的高就能计算出来了。只要在地面上量出影子的长度，在纸上做一道简单的比例计算题就行了。当然，你可以不用一般的纸，而用埃及的莎草纸来计算。

说到这里，你可以想出泰勒斯是怎么应对金字塔测高问题的了吧——和解决方尖碑测高问题是一样的。

有了金字塔影子和木棍影子的比例就够了吗？就能从木棍高度得出金字塔高度吗？很遗憾，还不行！还有一个障碍。

金字塔影子有一部分在外面，可以在地面上直接测量。可是，还有一部分影子在金字塔内部，我们不知道那部分是多长！

这一次，泰勒斯获得了好运加持。古埃及人热爱太阳，他们建造的金字塔有一个标准——正午时分，太阳光线要与金字塔其中的两条底边平行。

那一刻，金字塔的影子长度就等于外面部分的长度加上金字塔侧面

底边边长的一半。也就是说，正午时分，我们可以在地面上测量金字塔的影子长度。这样一来，我们终于能够按照方尖碑的测高方法解决金字塔测高问题了！

离开了埃及，泰勒斯载誉而归，到了如今的土耳其伊兹密尔以南的米莱托。他的定理如今被认为是希腊数学的瑰宝之一，而他本人是几何学奠基人之一。

同时，泰勒斯还是伟大的天文学家，因为他在天文领域也有很多天才般的发现。

例如，是他发现了小熊星座。古腓尼基[1]的海员们在夜航时都利用

---

① 古腓尼基大约在现今的黎巴嫩一带。——译者注

它来确定航向。

此外，是他确定了太阳的运动规律。他发现太阳每年的运动轨迹并非不变，它根据季节不同上下移动，这就决定了夏季和冬季的气候差异。

还是他，在一次发生日食期间，发现月亮正好遮住了太阳。按照泰勒斯的定理，这种巧合就使地球和太阳、月亮这两个天体的距离和大小关联了起来。

泰勒斯经常仰望星空，却有人抱怨他不低头看路，没有脚踏实地。

有一天，这位伟大的数学家沉浸在自己的思考中，没有注意脚下，结果掉进一口井里。一个女仆路过，拿他取笑，说他最好是低头看路、留神脚下。

当然，这只是一个段子，也许就是想中伤一个专注于天体问题而不被地上事物分心的科学家。

也许更可能的是，那个女仆不知道又深又窄的井究竟有什么用途。其实，那才是不靠工具就能裸眼观察夜空的最佳地方啊！

直到几百年前，天文学家一直都把井当作天文观察站。从丹麦到印度，你可以找到很多这样的范例。后来有了望远镜，一切才发生了变化。

不过，泰勒斯也非常善于观察地球，而不仅仅是天空！

传言有一年，他预料橄榄会大丰收，于是立刻租下了自己所在地和周边地区的所有榨油器。等到橄榄果真大丰收时，他靠出租榨油器赚了不少钱。

这可能也是一个段子，目的是调侃一下这位伟大的科学家也能将其聪明才智用于商业盈利。

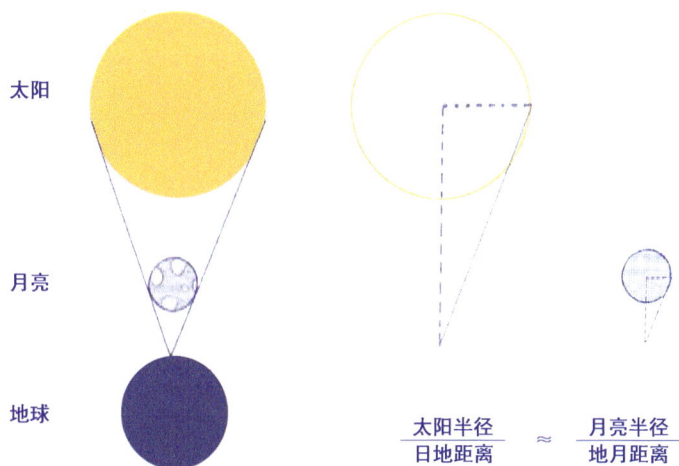

太阳

月亮

地球

$$\frac{太阳半径}{日地距离} \approx \frac{月亮半径}{地月距离}$$

有关泰勒斯的逸事有真有假。
　　但事实上，作为科学家，泰勒斯跟其他人一样，也是凡人啊。
　　有时，他可能因其优点而受到爱戴，有时，因其缺点会令人抱怨。

　　请记住"speculation"这个词具有双重含义。它可以指追求知识和真理的思辨，也可以指贪图商业利润的投机。历史上的很多天才都受困于这种魔鬼般的双重性。

毕达哥拉斯开创数学
"新纪元"
（约公元前550年）

你能想到的第一个数学定理是什么？我敢打赌，肯定是勾股定理（西方称之为毕达哥拉斯定理）。

你还记得这个定理是怎么说的吗？万一你忘了，我可以提醒一下，这一定理是这样说的：直角三角形的两条直角边边长的平方之和等于斜边边长的平方。

有没有人给你展示过这个定理的推演过程？如果有人给你推演过，你还记得吗？如果没有，你能不去翻书，自己推演出来吗？

我猜你大概率是做不到的。没关系，有件事更值得注意，据我所知，唯一成功做到这件事的是个叫阿尔伯特·爱因斯坦的人。当时他只有 12 岁……

至于勾股定理，你首先需要知道的就是，它不是毕达哥拉斯发现的，甚至不是古希腊人发现的！

当我们一定要追究某些东西是谁发现的时候，我们可能会立刻想到古希腊人。很多人潜意识里认为古希腊一直是人类思想的摇篮，于是就觉得一切都来自那里，而且只能来自那里。

其实，早在毕达哥拉斯之前，许多人就知道勾股定理，特别是古印度人、古巴比伦人和中国人。在数学史上，古印度人对数学的贡献往往是先于古希腊人的。

据说勾股定理在公元前 800 年左右就得到了阐释与证实。也就是说，比毕达哥拉斯提出假设的时间早了 200 多年。

一位名叫包德哈亚那 ① 的先贤证明了这一点。在印度，人们普遍认为他是一位伟大的天才，并为历史所铭记，不过在其他国家，他却是默默无闻。

毕达哥拉斯的生平是"饱受争议"的。确实，至少在某种程度上，他肯定是一个传奇人物。但因年代久远（他的传记的撰写时间可以追溯到他生活的那个时期之后的数百年，也就是大约泰勒斯之后的 50 年），很显然，关于他的故事很多不可信，存在凭空捏造或者杜撰的可能性。比如，你可能不会相信某天早上师傅去河边洗澡，一个弟子跟着他，听到河流对师傅说："你好，毕达哥拉斯。"

你大概也不会相信，一天晚上师傅在脱衣服时，另一位弟子（也可能是同一位弟子）发现他师傅的臀部竟然是金色的，就好像他是跟钢铁侠一样的一个超级英雄。所以说，这些显然都是关于毕达哥拉斯的传闻。

当然，历史上确实存在毕达哥拉斯学派。特别是来自梅塔蓬托的希帕索斯 ②、来自克罗托内的菲洛劳斯 ③ 和来自塔兰托的阿契

---

① 印度数学家，著有《包德哈亚那文集》。包德哈亚那的贡献在数学史上占有重要地位，尤其是在代数和几何领域。他的工作不仅展示了对数学问题的深刻理解，也反映了古印度数学的先进水平。——编者注

② 古希腊哲学家和数学家，毕达哥拉斯学派最重要的人物。希帕索斯最重要的发现是无理数。——编者注

③ 古希腊哲学家，毕达哥拉斯学派成员，对数学和哲学都有研究和贡献。——编者注

塔^①等人。也许，传说中的毕达哥拉斯的天才之举源自他们，而非毕达哥拉斯本人。

只要查一下他们的家乡，你立刻就能发现，那几个毕达哥拉斯学派的人都来自意大利南部，包括卡拉布里亚、巴西利卡塔和普利亚。

但是，毕达哥拉斯是古希腊人。他出生于萨摩斯岛，靠近泰勒斯所在的米利都。但他逃离了家乡，来到了意大利南部。

传说毕达哥拉斯到达克罗托内后，建立了一个组织，这个组织既封闭又狂热。

这位大师对外传播自己的思想，给所有感兴趣的聆听者讲课。你可以称这些人为"追随者"，但古希腊人称他们为"acusmatico"，意思是"听众"。

然而，真正的课程只讲给那些加入这一学派的人，只有他们才能获得毕达哥拉斯学派的"文凭"。我们现在称他们为"学生"，但在古希腊，他们被称为 matematico^②，意思是"弟子"。

---

① 古希腊哲学家和数学家，毕达哥拉斯学派的成员之一，数学力学的奠基人之一。

——编者注

② 在现代意大利语中，matematico 意为"数学家"，但在当时是指"学徒""弟子"。

——译者注

最初，matematico 一词并不是指非专门学习数学或非常了解数学的人，而是指那些正在学习一门手艺的学徒。

但这个词现在有"数学"含义，因为毕达哥拉斯给弟子讲授的都是有关数学的内容。

例如，毕达哥拉斯学派的人乐于探索和教授如何只用圆规和直尺来画出正多边形，也就是所有边和所有角都相等的多边形。

绘制一个正三角形（有三条边）是小孩子的游戏，你也可以自己探索怎么画。同样，绘制正方形、正六边形和正八边形也不太难。比如，绘制一个正六边形，只需画一个圆，然后用圆规在圆周上连续标记 6 个等距离的点。这可以通过调整圆规两脚之间的距离，使其等于圆的半径，然后在圆周上分别测量出 6 个相等的弧来达成。最后，使用直尺连接这 6 个点。

毕达哥拉斯学派的人曾经千方百计地试图去绘制一个正七边形，但始终没有成功。不仅是他们，古代的其他数学家也没有成功过。

直到两千多年以后，人们才明白失败的原因：这个问题本身是不可能解决的！换句话说，如果你只使用圆规和直尺，是无法绘制出一个正七边形的。你可能会觉得奇怪，但世界就是如此。

有些问题可以解决，有些则不能。
当遇到无法解决的问题时，我们真的毫无办法。
固执和坚持都没有意义，我们必须学会放弃。

不过，毕达哥拉斯学派的人成功绘制出了正五边形。这不是立刻就能绘制出来的，但也不算太难，你的美术老师或者数学老师可以向你展示如何做到。

如果你画出正五边形的对角线，会发现一个有趣的事情。正五边形的中心会自动形成一个更小的正五边形。如果继续在这个小正五边形中画对角线，还能形成另一个更小的正五边形，以此类推。

那什么时候可以停止呢？很显然，永远都不会停止！这是数学中第一次出现无限的概念。它的发现引起了舆论哗然和心理创伤。确实，不止毕达哥拉斯学派，所有古希腊人都认为世界上不存在"无限"，只存在"有限"。

无限这一新概念的发现源于正五边形的对角线和它的边之间的特殊比例关系。

这个比例被称为"黄金比例"，以表明它像黄金一样珍贵。

边长符合黄金比例的矩形被称为"黄金矩形"。自从毕达哥拉斯学派发现了它，它就广泛应用于建筑和艺术中，成为平衡和美丽的象征，并用来构建建筑物和绘画作品。

毕达哥拉斯学派因一个伟大的发现而声名鹊起，但这个发现与几何无关，跟算术有关。根据轶闻，毕达哥拉斯和他的弟子们在克罗托内的街道上散步时，偶然发现了一个有趣的现象。

他们经过一家铁匠铺，毕达哥拉斯听到锤子敲击铁砧时发出的声音，并注意到这些声音有两种类型：有些声音混在一起听起来很和谐悦耳，而有些声音则尖锐刺耳，毫不协调。

毕达哥拉斯想看清楚或者说想听清楚这些声音，于是他走进铺子，发现一切源于锤子质量之间的关系。

比如，如果锤子的质量比为 2∶1，也就是一个锤子的质量是另一个锤子质量的两倍，那么这两个锤子发出的声音相似，但音高不同。这两种声音形成八度音程，也就是差一个"八度"，就像钢琴键盘上两个相邻的"do"之间的距离。

同样，如果质量比为 3∶2，锤子发出的两种声音形成五度音程，也就是差一个"五度"，如果两种声音同时发出，声音就像"do"和"so"的合音。

如果锤子质量比是 4∶3，则两种声音形成四度音程。如果两种声音同时发出，声音就像"do"和"fa"的合音，以此类推。

就这样，毕达哥拉斯发现，数有两个不同但又彼此互补的功能：一方面，它能描述物理量之间的关系，比如锤子的质量；另一方面，它能描述艺术质量之间的关系，比如通过击打铁砧发出的声音。

毕达哥拉斯推断，数学是连接两个世界的桥梁。科学，揭示了客观事实。而人文，表达了主观情感。他把自己的发现总结成了一句著名的论断：万物皆数。

毕达哥拉斯使用了 4 个数字 1、2、3、4 来展示自己的发现。它们有着神秘的光环，并成为毕达哥拉斯学派的"四元组"。他将 10 个点排列成横跨四行的三角形，外观有点儿像圣诞树的形状。

　　这个由 10 个点组成的三角形图案成为毕达哥拉斯学派的两个徽章之一。另一个徽章是毕达哥拉斯星，它由正五边形的对角线构成。

　　学派成员可以在上衣的扣眼上佩戴徽章。不过，上衣不能是皮革制成的，因为该学派的众多规则中的一条，就是禁止穿皮衣。

　　那么你更想成为哪种人呢？是成为佩戴徽章的毕达哥拉斯学派成员，还是穿着皮夹克的摇滚明星？

　　为了证明"万物皆数"，来自塔兰托的阿契塔将毕达哥拉斯的音乐规则应用于天文学。他认为七大行星彼此之间的距离与 7 个音级彼此之间的关系有所对应。

　　从那时起，人们就开始谈论宇宙的和谐与天体的音乐，并确立了文化人士学习的课程应该是"四元组"，即算术、几何、天文学和音乐。

　　事实上，从那时起到中世纪，一直如此。如果今天依然如此就好了。

　　但毕达哥拉斯对天文学最重要的贡献是毕达哥拉斯本人做出的，这早于阿契塔。毕达哥拉斯观察了路西法星和维斯珀星。当时，这两个天体被认为是两颗不同的星星。而毕达哥拉斯一鸣惊人，他第一个发现它们竟然是同一颗星星！

　　"路西法"的意思是"光明使者"，它是晨星 ①。也就是说，有时候你在黎明时还能看到的最后一颗星星。

　　"维斯珀"的意思是"傍晚"，它是昏星 ②。也就是说，有时候你在日落时能看到的第一颗星星。

　　毕达哥拉斯注意到，这两颗星星从未在一年中的同一天同时出现。实际上，它们在天空中相继在四个周期中出现或消失，每个周期大约两个月。

　　在第一个周期中，晨星出现在东方。在第二个周期中，两颗星星都没有出现。在第三个周期中，昏星出现在西方，而在第四个周期中，两颗星星再次都没有出现。

　　毕达哥拉斯终于明白了，路西法星和维斯珀星根本不是两颗星星，它们就是金星，只是出现在了不同的位置。

　　原因是这样的：在它围绕太阳运转大约 8 个月的时间里，当金星位

---

① 　也被称为"启明星"，此名字象征着新的一天即将开始。——编者注
② 　也被称为"长庚星"，此名字预示着长夜的来临。——编者注

于太阳的后面或前面时，人们从地球上看，是看不见它的。而当它位于
太阳的两侧时，它才能现身。它出现在东方，就是它即将在太阳后面藏
起之时，而出现在西方，就是它刚刚重新现身之时。

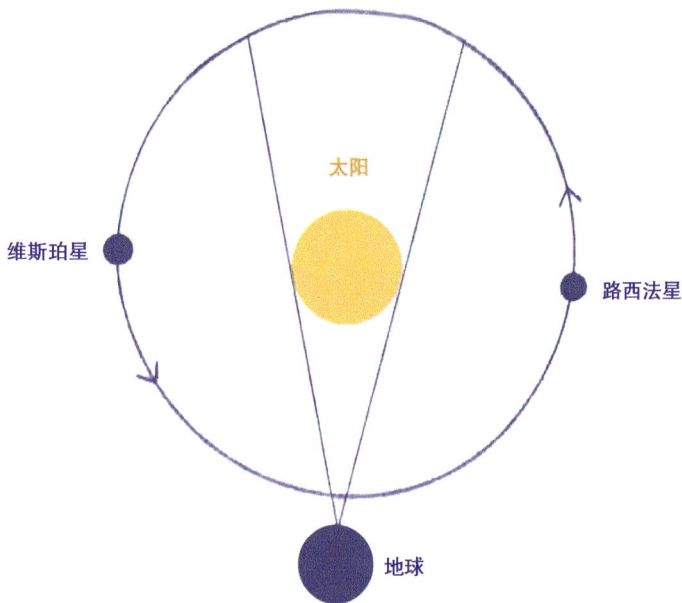

在神话中，路西法被视为魔鬼，是被逐出天堂的堕落天使。多亏了
毕达哥拉斯，用音乐和数学的和谐之美，将天体从那些缺乏根据的传说
与神话中解放出来，给我们带来了科学的启迪！

阿基米德应获数学奖章

（约公元前250年）

当我像你这么大的时候，我喜欢看的是《米老鼠和唐老鸭》。对我们那代人来说，《米老鼠和唐老鸭》可能相当于你看的《龙珠》和《蜘蛛侠》。

迪士尼动漫中有一个角色，叫阿基米德·毕达哥拉斯。这个奇怪的名字显然是在向两位伟大的古希腊科学奇才致敬：一位是来自萨摩斯岛的毕达哥拉斯，一位是来自叙拉古的阿基米德。

阿基米德·毕达哥拉斯是一个刻板的形象，他介于杰出的科学家和疯狂的发明家之间。他既想为普通人服务，又想与当时有权有势的富人合作，就像唐老鸭一样。真正的阿基米德生活在公元前3世纪，他肯定是毕达哥拉斯学派的。应该说，几乎所有的科学家都是这派的。事实上，自毕达哥拉斯之后，人们如果不使用数学语言，就没法描述自然了。

很遗憾，真正的阿基米德也与当时的权贵和富人合作。当时，统治叙拉古的是希伦二世。

阿基米德曾发明一个奇特的拼图，它由14个不规则的图形碎片组成，可以填满一个正方形，而且可以用17 152种方法把这些不规则的碎

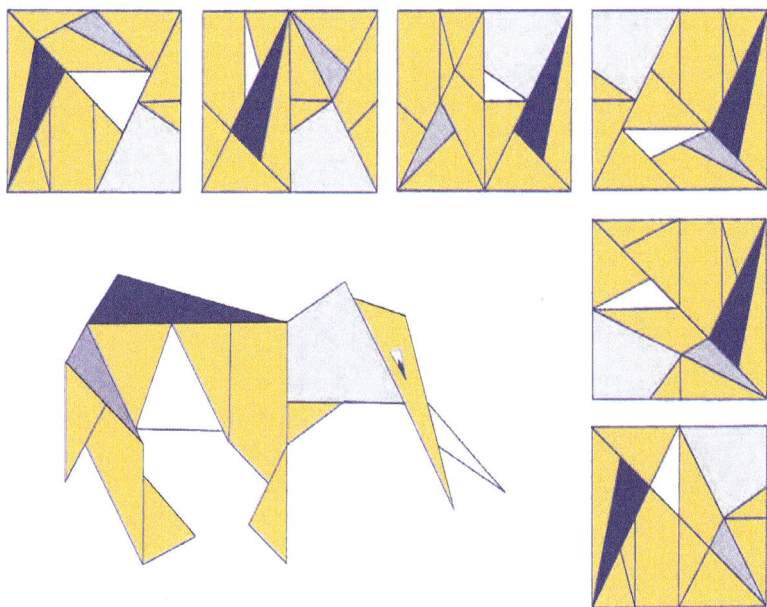

片拼成一个正方形！

　　希伦二世在位 50 多年，阿基米德为他发明了许多战争机械，其中一些被载入史册。当古罗马人在为掌控地中海而发起第二次布匿战争时，这些机械的使用让他们感到无比震惊。但是今天，我们已经很难分辨哪些是史实，哪些是虚构的故事了。

　　阿基米德发明的兵器之一就是投石机，它可以向很远的地方投掷巨石，还有可以抓住敌人船只的"铁手"，它们可以把船只从水里抬起，再将其投入水中让其沉没。

　　更有名的是凸面镜，它可以将太阳光线汇聚到一个点上，用以点燃敌方的船只。实际上，你可能在野营的时候也尝试过，用一个放大镜来点燃纸张或干燥的树叶。

还是为了希伦二世，阿基米德发现了一个定律，解决了一个实际问题。这倒是有点儿像在金字塔前漫步的泰勒斯。

这个问题是这样的：希伦二世让人用金子给自己做了一顶王冠，但是他担心金匠欺骗他，怀疑金匠会自己贪下一部分黄金，用价值没有那么高的银子冒充黄金打造王冠。

一天，阿基米德正在洗澡，他思考着到底是什么让自己的身体能在水中浮起。他凭直觉得出了著名的阿基米德定律：浸在液体（或气体）里的物体受到竖直向上的浮力作用，浮力的大小等于被该物体排开的液体（或气体）的质量。他立刻意识到，这个想法就能解决希伦二世的问题。

阿基米德从浴缸里跳出来，赤身裸体地跑向宫殿，大喊："我发现了！"很显然，他是古希腊人，肯定是用希腊语喊的，那就是"Eureka！"，意思是"我发现了""我找到了"。

我们大多数人的思考速度都比阿基米德慢得多，可能需要认真思考片刻，才能理解他是如何利用新发现解决王冠问题的。我们可以将王冠与同质量的金块进行比较。

我们将质量相同的王冠和一个金块放在天平两边的托盘上，我们可以看到天平两端是平衡的。但如果我们把天平浸入水中，只有在王冠和金块受到来自下方的浮力相同时，天平的两端才能保持平衡。也就是说，根据阿基米德定律，只有当两者排出的液体体积相同时，天平的两端才能平衡。

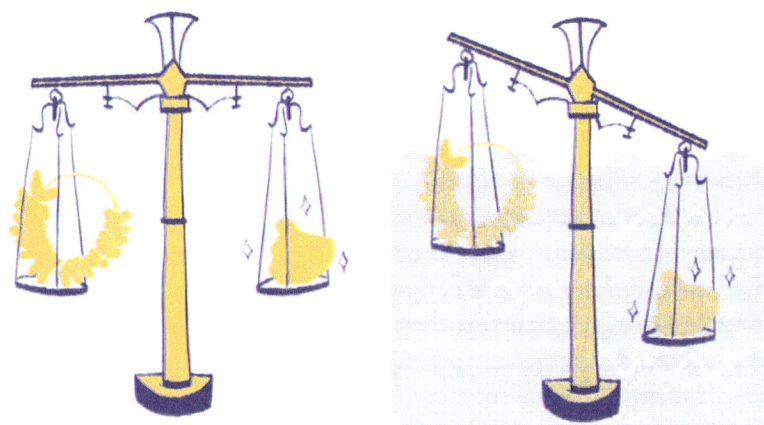

如果放着王冠的托盘那端被浮力推得比放着金块的托盘高，则说明王冠的体积大于金块。但由于它们的质量相等，这就意味着这顶王冠并不是纯金的，里面肯定还有诸如银子这类体积更大的其他材料。那么，这说明金匠欺骗了国王，他的下场自然就很惨。

我们不知道古代天才阿基米德是如何真正解决这个问题的。我刚才跟你讲述的解决办法是近代天才伽利略在他1956年写出的论文《小天平》中提出的，当时他年仅22岁。

伽利略在这篇论文中指出，天平的臂越长，其灵敏度和精准度就越高。阿基米德也知道这一点。事实也确实如此，他向希伦二世展示过如何用一根很长的杠杆，不太费力地移动一艘非常重的船。

在这种情况下，阿基米德发现了另一个著名的原理：用杠杆提升重物所需的力与杠杆的长度成反比。举个例子，如果将杠杆的长度加倍，所需的力就会减半。

这意味着，如果你有足够长的杠杆，就可以举起任何质量的物体，只需要知道杠杆的支点在哪里。

正是在那时，阿基米德向希伦二世说出了那句著名的挑战宣言："给我一个支点，我就能撬起整个地球。"

凸面镜、阿基米德定律和杠杆原理使阿基米德成为古代最伟大的科学家，但还有一项发现让他成了古代最伟大的数学家。

不管你问哪个数学家，他们都会一致认为阿基米德是这方面的王者。

数学家们也有自己的奥林匹克盛会，每四年在不同的国家举办一次。这就是国际数学家大会。

在每次大会上，会有 2～4 名有卓越贡献的数学家被授予金奖。这个奖项就是菲尔兹奖，它是以创立者的姓氏命名的[①]，而奖章的正面就是阿基米德的头像。

我相信你也知道他的一些最伟大的数学发现。

---

① 菲尔兹奖是根据加拿大数学家约翰·查尔斯·菲尔兹（1863—1932）的要求设立的国际性数学奖项。菲尔兹对于数学的国际交流的重要性有着卓越的见解，主张数学的发展应是国际性的。这个奖项被视为数学领域的诺贝尔奖。——编者注

在学校课堂上，有 4 个著名公式你肯定学过，那就是用圆的半径来计算圆的周长和面积，以及球体的表面积和体积。

我们先从圆的周长说起。在阿基米德之前，古希腊人就已经发现圆的周长与其半径成正比。比如，当半径加倍时，圆的周长也会加倍。

但是，如果想要计算某个已知半径的圆的周长，只有确切地知道圆的周长与半径的比例关系，并用该比例系数乘以半径，才能得出这个圆的周长。

圆的面积和球体的表面积则与半径的平方成正比。例如，当半径加倍时，圆的面积是原来的 4 倍，而球体的体积与半径的立方成正比，当球体的半径加倍时，体积则是原来的 8 倍。

因此，如果已知半径的平方，那么还需要两个系数来分别计算圆的面积和球体的表面积。如果已知半径的立方，还需要第 4 个系数来计算球体的体积。

阿基米德此时发现，大家都知道这 4 个数的存在了，但没有人知道它们具体是什么。

于是，阿基米德首先做了一个伟大的统一，他认为这 4 个系数之间是彼此相关的。只要知道其中一个，其他的就知道了！

你还记得毕达哥拉斯将晨星和昏星合二为一的事情吗？毕达哥拉斯表明，实际上，这"两颗星星"只是金星的两种不同的表现。阿基米德对圆和球体的 4 个系数也做了同样的事情。在本书的后面，我会让你看到科学领域中其他伟大统一的例子。

现在，让我们回到圆。你在学校里一定学过，圆的周长与直径的比值用 π 表示。这个 π，我们称之为"圆周率"。

　　阿基米德发现，要计算圆的周长 C 所需的系数是 2π，要计算圆的面积 A 所需的系数是 π，要计算球体表面积 S 所需的系数是 4π，而要计算球体体积 V 所需要的系数是 $\dfrac{4}{3}\pi$。

　　结果，就得出了我们前面提到的圆和球体的 4 个著名公式：

$$C = 2\pi r \qquad A = \pi r^2 \qquad S = 4\pi r^2 \qquad V = \frac{4}{3}\pi r^3$$

　　遗憾的是，我无法用简单的几句话来解释阿基米德是如何发现这些让他千古留名的公式的。

　　曾经有一位记者请著名物理学家理查德·费曼用几句话来概述他是如何获得了诺贝尔奖的。他的回答是："如果我能用几句话解释清楚，那我就得不了诺贝尔奖啦。"

　　同样，我也很难用简短的篇幅说清楚阿基米德是如何得出这些公式的，我只能简单地介绍一下。当时，阿基米德像切一个蛋糕一样，将一个圆分割成越来越小的片，他发现圆被切割后形成的那些碎片变得越来越像一个个的三角形，这些三角形的底边之和等于圆的周长，高等于圆的半径。

　　于是，他推断出，圆的面积等于圆的半径的平方乘以计算圆的周长所需系数的一半。他还发现计算圆的面积所需的系数是计算圆的周长所需系数的一半。

　　可想而知，阿基米德开始进行 π 值的计算，他算出了 π 的前两位小数，即著名的 3.14。

就像毕达哥拉斯学派提出的黄金比例一样，这个数本身也包含着无限性。它的小数点后的位数永远没有止境。今天，我们所知道的小数点后的位数已经数以亿计了，但我们永远不可能得知其全部。

到此，你可能会认为 π 是阿基米德最大的骄傲，这么认为也没什么问题。但是，他还有另一个"王牌"。

这个"王牌"就是阿基米德最为得意的发现——圆柱容球。试想一下，一个圆柱体内部包含一个球体，该球体的直径与圆柱的底面直径和高相等。然后，阿基米德使用前面提到的 4 个公式计算了两个数。第一个数，是球体的表面积与包含该球体的圆柱体的表面积之比；第二个数，

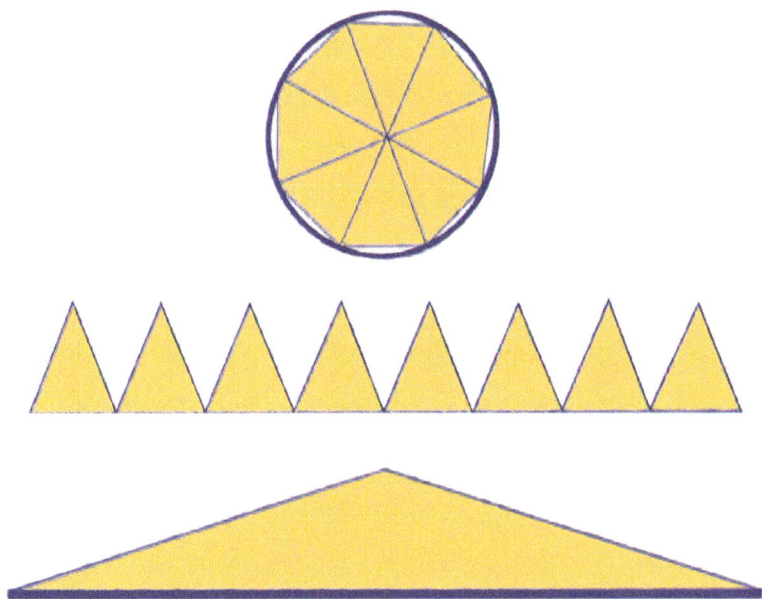

是它们的体积之比。

阿基米德做到了，他也感到十分惊讶。这两个比值完全相同，都是 2/3，而 π 却神秘地消失了，尽管它存在于这 4 个公式中！

所以，如此计算之后，剩下的就是两个"毕达哥拉斯数"啦，那就是构成五度音程的数字 2 和 3！阿基米德非常满意。他决定在自己的墓碑上雕刻一个圆柱容球的几何图形，图形中间写上"2/3"。

为了纪念阿基米德最引以为傲的发现，这个圆柱容球的图形也出现在了菲尔兹奖奖章的背面。说不定有一天，你也能够赢得这么一枚奖章！

喜帕恰斯发现美洲大陆

（约公元前150年）

你觉得自己知道是谁发现了美洲，对不对？在学校里，老师肯定告诉你是哥伦布。

但他们可能没有告诉你，哥伦布只是第一个在1492年到达美洲的近代欧洲人。而且，他甚至没有意识到到达的地方是美洲，他以为自己停靠在了印度！因此，在好莱坞电影中，美洲的原住民都被称为"印第安人"。

第一个明白过来这是一个新大陆的人是阿美利哥·维斯普西 ①。1501年，他称之为"新世界"。今天我们称这片大陆为"美洲"就是对他的纪念。但所剩无几的原住民非常不满。在南美洲有一个冠以哥伦布之名的国家哥伦比亚，却没有以维斯普西命名的国家，当地人的不满可见一斑。

其实，最早到达美洲的欧洲人是维京人。他们到达那里的时间至少比哥伦布和维斯普西早500年！这也得益于从出发地斯堪的纳维亚半岛到登陆地加拿大之间的距离相对更短。

---

① 意大利航海家、探险家和旅行家。经过实地考察，阿美利哥·维斯普西（1454—1512）提出哥伦布发现的新大陆不是亚洲的一部分，而是一片未知的大陆。因此，这片新大陆以他的名字（Amerigo Vespucci）命名，被称为"美洲"（America）。——编者注

由于离得近，许多维京人穿越了大西洋，我们所知的最早到达北美洲的是冰岛人布亚尔尼·海尔约尔夫，据说他是 986 年登陆的。

1960 年，在加拿大的兰塞奥兹牧草地发现了维京人定居点。考古学家确定维京人在这里仅仅居住了三年，然后就遗弃了这个地方。

实际上，第一个真正发现有美洲存在的欧洲人是一位名叫喜帕恰斯的古希腊天文学家。他生活的时代大约比阿基米德晚了一个世纪，他也是当之无愧的应荣登天才榜的奇人。

喜帕恰斯以优雅而和平的方式发现了新大陆。他从未涉足新大陆，仅凭思考就推断出了它的存在！

因为当时并没有那么先进的技术，所以你一定很想知道他是怎么做到的。他的奇思妙想也一定会让你感到惊讶不已。

古希腊人通过海路和陆路去了很多地方，古希腊探险家的足迹几乎遍布四面八方。大约 2200 年前，古希腊的探险队有两次到达了他们当时已知世界的边缘。

其中一支船队通过直布罗陀海峡离开地中海，先是沿着伊比利亚半岛和法国海岸航行，然后沿不列颠群岛航行，最终到达北海。

另一支探险队，规模要庞大得多，它是亚历山大大帝的队伍。在短短十多年间，这位年轻的统帅征服了波斯帝国，远至印度，那个货真价实的印度！

　　跟随亚历山大的不仅有士兵，还有思想家和科学家。他们的任务是为远征军提供技术支持，并将有关被征服国家的地理和文化的知识带回家乡。

　　两次远征的探险家都写了一些书，讲述了他们的所见所闻。喜帕恰斯阅读了皮西亚斯①关于海洋的记载。这位航海探险家是第一支探险队的统领。据他讲述，北海的潮差有几米，而地中海的潮差只有几厘米。

　　这件事本身并不奇怪。毕竟，北海是开放的，地中海是封闭的。但喜帕恰斯指出，第二支探险队研究了印度洋，却并没有观察到像北海那样的海水涨落现象。

　　喜帕恰斯推断，北海和印度洋不可能属于同一个大型海洋盆地，否则，它们就应该彼此相通，有相似的潮汐现象。

　　那么，两个海域之间必然就有一个将它们分开的大陆。

　　特别是，这片大陆应该从北极一直延伸到南极，就像现实中的南美洲和北美洲那样，否则，就会像澳大利亚大陆那样，海水只能围绕这片大陆流动。

　　喜帕恰斯的推论是大胆的，但可惜的是，它基于的是错误的信息。皮西亚斯大大高估了北海的潮差。而亚历山大的探险队也没有观察到印度洋的所有潮汐，其中一些潮差还是挺大的。

　　换句话说，喜帕恰斯的推断很对，但他只是靠运气才得出了正确的

---

① 古希腊航海家、探险家和地理学家。公元前 4 世纪的大部分时间里，皮西亚斯都是在探索欧洲海岸的航行中度过的。他很可能是到达海水冰冻线以北的第一位航海家。——编者注

结论。确实存在美洲大陆，但原因并非他所认为的那样。

然而，喜帕恰斯相信美洲大陆的存在还有另一个理由，而且比第一个理由更合理。尽管他一直舒舒服服地"宅"在家里，但那片大陆是他亲眼所见！

你可能会说，有了卫星摄像头，只需要连接到谷歌地图或 Zoom Earth 这样的网站，就能轻而易举地看到地球的任何地方，但那是另一回事儿了。

喜帕恰斯没有用任何工具就看到了美洲。你知道他在哪里看到的吗？是通过月亮上的倒影！

你肯定会说，这是不可能的，因为只有当月亮被太阳照亮时我们才能看到它。你说得对。但是喜帕恰斯在看不到月亮的时候看到了美洲！更确切地说，他是在人们几乎看不到月亮时看到了美洲。

确实如此，月球的每个运行周期主要分为上弦月和下弦月两个阶段，在上弦月之前或在下弦月之后，它呈细细的眉毛状，几乎看不见。在这两个阶段，有时可以看到整个月亮，这是因为有一种非常微弱的光照亮了它。这种光叫作"灰光"，因为光的颜色像燃烧殆尽的灰烬一般。

这种光不是月亮反射的太阳光，因为太阳光非常明亮。这种光是地球将太阳光反射到月亮上形成的。更准确地说，是太阳光在照到地球上之后被再次反射。正是因为阳光被反射了两次，它才如此微弱。

灰光在月球的不同区域看起来也不尽相同，因为我们所生活的地球各处是不一样的。在地球表面，有着凸起的陆地和大片的水域，它们反射阳光的方式各不相同。

如果你有像喜帕恰斯那样的极佳视力，就能够在月球的灰光中分辨出陆地反射的部分和水域反射的部分。而且，你有时会发现，在水域反射的光区中，有一个很大的斑点，那就是陆地反射的光所造成的。

如果你还有像喜帕恰斯那样的超强大脑，你就会想到，那个斑点就是美洲在海洋中的倒影，就是太阳在月球提供的"屏幕"上投射的图像。

说到这里，你应该已经明白了吧，喜帕恰斯先生是一个非常敏锐聪慧的人。如果我告诉你他是古代最伟大的天文学家，你也不会觉得奇怪了吧。

他最大的功绩就是观测到了大约 1000 颗星星，并编制了一份星表。几个世纪之后，这份星表由托勒密进行了修正。在望远镜发明之前的大约 1500 年的时间里，这份星表一直是天文学家的主要参考资料。

你有没有试过在晚上长时间观察星星？如果你仔细看，会发现它们都在做圆周运动。如果再仔细一些，你就会发现它们都在一起运动着，就好像附着在一个巨大的球体上一样。所以古人称它们为"恒星"。

你可能还记得，是泰勒斯发现了小熊星座是唯一几乎不动的恒星星座。正是因为它几乎静止不动，腓尼基人才开始将其作为夜间航行的参照点，周边的星星似乎都围绕着它旋转。

然而，喜帕恰斯对此心生疑问——也许恒星并不像它们看上去的那样固定，也许它们也在做相对运动。

如果真的是这样，它们一定移动得非常缓慢。如果想确认这一点，就必须进行长时间的持续观察。

为此，喜帕恰斯开始编制这份星表。他想为他所处的时代提供一个天空"快照"。这样，后来的天文学家就可以注意到发生的变化。

你想看看喜帕恰斯制作的天空"快照"吗？如果想的话，可以叫上你的小伙伴一起参观一下意大利那不勒斯国家考古博物馆，让讲解员来告诉你阿特拉斯①肩扛苍天的雕像在哪里。

在喜帕恰斯离世之后的几个世纪，一位雕塑家在阿特拉斯扛着的那个大球体上雕刻了 40 多个星座，它们都是完全按照喜帕恰斯的星表排列的。

喜帕恰斯无法知道这一史上最长的"实验"是否能够成功，也不知道它会持续多久。

直到 1718 年，天文学家埃德蒙·哈雷②回答了这两个问题。你也许听过他的名字，因为一颗由他发现的著名彗星就是以他的姓氏命名的。

哈雷发现，18 世纪的天狼星、大角星和毕宿五之间的距离与喜帕恰斯和托勒密的星表中记载的距离不同。这就证实了，正如喜帕恰斯在大约两千年前所怀疑的那样，星星的确是在运动着！但这并不是他的记录。

回望几个世纪，喜帕恰斯成功估算了地轴进动周期大约是 26 000 年！

---

① 希腊神话里的擎天神，因参与反对宙斯家族统治的战争被罚去肩扛天空。——编者注

② 英国天文学家、地理学家、数学家、气象学家和物理学家。埃德蒙·哈雷（1656—1742）把牛顿定律应用到彗星运动上，并正确预言了那颗现被称为"哈雷"的彗星做回归运动的事实。——编者注

他这次发现的是地轴的运动，相对于恒星来说，地轴似乎也是静止的。

今天，地轴是指向北极星的，而亚历山大的一位名叫蒂莫哈里斯①的天文学家记录了当时地轴所指向的方向，他生活的年代比喜帕恰斯早大约 150 年。

而喜帕恰斯发现，自蒂莫哈里斯所处的时代以来，地轴一直在移动。他通过计算发现，地轴在空中完成一整圈的转动，大约需要 26 000 年。

你看见了吧，喜帕恰斯屡屡做出重大发现。就像他曾经对潮差的推断一样，他又一次依靠他所得到的地轴数据，得出了正确的推论。

但这一次，他的运气比发现美洲那次还要好。这次不仅仅是运气！蒂莫哈里斯的测量数据确实是可靠的。

所以，喜帕恰斯的确发现了所谓的岁差。也就是说，几个世纪以来的季节变化，是由地轴相对于太阳和恒星的缓慢移动引起的。

地轴在缓慢移动着，而潮汐每天都会发生。你当然可以认为这是两个毫无关联的现象。

但喜帕恰斯悟出，事实并非如此。两者都是月球和太阳对地球的引力相互作用的结果。

牛顿在 1687 年出版的《自然哲学的数学原理》一书中对岁差做出了计算，计算结果验证了喜帕恰斯有关岁差的发现。所以，从某种意义上来说，牛顿是近代的喜帕恰斯。或者，你如果愿意，也可以称喜帕恰斯就是古代的牛顿。

---

① 古希腊天文学家。——编者注

花拉子密著书传播阿拉伯数字系统

（825年）

到现在为止，我已经讲了古埃及人和古希腊人的故事，现在你是不是期待古罗马人登场了？古罗马人是意大利人的祖先。不过很遗憾，我必须告诉你一个令人失望的消息。

古罗马人对科学的热情不高，甚至他们对待科学家的态度也不友好，从他们对阿基米德的所作所为就可以看出这一点。

历史记载，罗马人和迦太基人为争夺地中海的霸权曾互相厮杀。在第二次布匿战争时期，叙拉古后来与迦太基结成了联盟。作为报复，罗马人长期围困叙拉古。

然而这座城市坚不可摧，这要归功于阿基米德设计的大规模防御工事和大量武器。但是，一些"亲罗马"人士从内部向敌人敞开了大门。就这样，这座城市最终沦陷，遭受了无情的洗劫。

有一个传说讲到，一个罗马士兵闯入阿基米德的家中，看到他正在专注地工作。士兵命令他停下来跟自己走，但这位科学家回答道："等我解决完这个问题再说。"结果，这个不耐烦的士兵用剑刺穿了他。

阿基米德很可能是被误杀的，或者是被不认识他的人所杀。事实上，罗马人知道他是有用之才，统领军队的执政官马塞勒斯曾下令要活捉他。

总而言之，罗马人更偏爱技术和实用之物，而不是科学和理论思想，这是不争的事实。不过，罗马人是杰出的建筑师，他们建造了无数的城市、道路、引水渠、凯旋门和露天剧场。

你肯定知道，其中最著名的就是古罗马斗兽场，在那里上演着毫无人性的角斗表演，而这些表演深受古罗马人的喜爱。你可不要感到吃惊，因为在如今的电视和互联网上也能看到类似的决斗。

当然，古罗马人用他们贫乏而机械的语言书写了一些东西，给我们留下了一些关于历史、哲学和诗歌的书籍，但是，除了卢克莱修①的《物性论》，几乎没有科学方面的著作。本书的后面会讲到这本书。

现在，我要让你亲眼看看古罗马人在数学方面是何等笨拙和落后。

我猜你在学校里对罗马数字可能有一些了解，一般都是出于好奇才去了解的。那么，你应该可以用罗马数字写出你的年龄，或者一年的天数（365）。但是，如果一直使用罗马数字，你能将这两个数相乘，写出到目前为止你活了多少天吗？

恐怕不能。这不仅是因为没有人告诉过你要这么做，而且连古罗马

① 古罗马诗人、哲学家和思想家，其著作《物性论》是一部哲学长诗，主要阐述了古希腊唯物主义哲学家伊壁鸠鲁的原子论，旁及认识论和伦理学，对后世唯物主义的发展产生了深远影响。——编者注

人自己也不知道该怎么算。为了计算，他们不得不使用算盘（abacus）。"abacus"在希腊语中的意思是"算数板"。古希腊人书写数字的方式比古罗马人更原始：他们用的是字母表中的字母。这就是为什么他们的两大史诗《伊利亚特》和《奥德赛》各有 24 章。为什么是 24 呢？因为那是希腊字母表中的字母数量，每一个字母代表一章，按字母顺序排列。

最初，罗马数字系统非常简单。用 I 表示 1，用 X 表示 10，用 C 表示 100，用 M 表示 1000，以此类推。

但是追求简单也要付出代价，它并非没有缺点，有时会造成不便。一个缺点是，即使是较小的数也可能会写得很长。比如，666 得写成 CCCCCCXXXXXXIIIIII。

另一个缺点是，随着数变大，所需的符号也会增多。比如，要写 10 000，有两个选择。要么把 M 重复 10 次，得到一个难以辨认的 MMMMMMMMMM，要么发明一个新符号来表示万位数。

古罗马人解决了这两个问题。为了避免过多的重复，他们引入了新符号。例如，用 V 表示 5，L 表示 50，D 表示 500。这样，666 就可以简化为 DCLXVI。

为了避免引入过多的新符号，他们对现有符号进行了修改，在现有符号上方添加一个小横线，来表示原数乘以 1000。因此，1 万用 X̄ 表示，10 万用 C̄ 表示，100 万用 M̄ 表示。

顺便说一句，虽然你可能会觉得很奇怪，但罗马数字中符号的顺序并不重要，因为想要表示的数只是各个部分加在一起的结果。例如，DCLXVI 和 IVXLCD 之间没有差别，两者都表示 666。

后来，事情变得更加复杂。特别是引入了顺序规则之后，需要拿后边较大的数字减去前边较小的数字①。如此一来 CDXLIV 变成 IVXLCD 后，就不再表示 666 了，而是变成了 444。

所以现在，无须多言，你自己应该也感觉到了，最好还是放弃古罗马人的数字系统吧，听听那些比他们脑子更好使的人是怎么说的吧。

你可能在学校学的就是阿拉伯数字，从而推断我们是从阿拉伯人那里学来的。事实上是这样的，但这只是故事的一部分。

实际上，阿拉伯人也是从印度人那里学到的。所以，更准确地说，我们现在使用的是经过阿拉伯人"转手"而来的印度数字。将阿拉伯数字与罗马数字比较时，你会发现很多奥妙。

首先，罗马数字中似乎有数不清的不同的数字符号。从 X 开始，后面的数都是前面的那个数的 10 倍，比如，X、C、M、X̄、C̄、M̄（分别表示 10、100、1000、10 000、100 000、1 000 000），等等。而阿拉伯数字只有数量有限的不同符号，每个符号代表的数字都小于 10，即 1、2、3、4、5、6、7、8 和 9。

其次，需要注意的是，现在使用的数字系统中，还有"0"来表示数字零。这正是印度人真正的天才之举，古希腊人想都没有想过。对你来说，0 显得平常无奇，因为你从小就见惯了。但古希腊人理解不了这

---

① 比如，在罗马数字中，4 表示为 IV，它是通过用表示 5 的 V 减去表示 1 的 I 得出的。——译者注

一点，因为他们的哲学思想阻碍了他们的思路。实际上 0 是虚无和空无的象征。对于古希腊哲学家来说，虚无和空无是不可能存在的概念。

而印度的思想家更务实一些，他们使用数学来计算收支。在账本中，既会有用正数表示的收益，也会有用负数表示的支出。

如果一个人的收益和支出一样多，那么他的账目就是平衡的，就像左右两边重量相等的天平。而"0"的作用就是表示这种收支平衡的状态，而将正数与负数分开来的也是这个 0。

但有一点尤为重要，0 可以用来占位！要表示一个数，我们只需决定按某种顺序来排列其位数就可以了。例如，按从右向左的顺序，第一位数字表示个位数，第二位表示十位数，第三位表示百位数。而 0 在多位数中起到占位作用，比如 201 中的 0，表示十位上没有正数。总之，只要多位数里某一位缺少正数，0 正好能补在空位上。

这样，我们就不再需要为 10 的幂次方设计不同的符号，来表示百位数、千位数、万位数了。每个数只需以 1 及 1 以上的正数开头，然后根据其后面的位数加上相应数量的 0。这样，罗马数字 X 可以简化成阿拉伯数字的 10，C 可以简化成 100，M 可以简化成 1000，等等。

我们并没有确切地知道这些数字系统具体是如何一步步发展完善的，也不清楚究竟是谁逐渐用阿拉伯数字代替了罗马数字。但我们知道，在公元 500 年左右，在笈多王朝统治下的印度，已经存在详细描述十进制系统的文献，人们已开始使用十进制。

在 825 年，一位名叫花拉子密[①]的数学家在巴格达写了一本名为

---

① 波斯数学家、天文学家、地理学家，代数与算术的整理者。花拉子密（约 780—约 850）被誉为"代数之父"。——编者注

《印度数字算术》①的著作。

这本书的开头是这样说的："我决定介绍印度人的计算方法，他们使用 9 个数字，再加上一个圆形的 0 作为第 10 个数字。我还要展示由于它们简单、简洁，这些数字可以表示所有的数。"

这位先生名字的最后一部分"花拉子密"（al-Xorazmiy）表明了他的出生地（地名一般译为"花拉子模"）。你可能从未听说过这个地方。它位于中亚，古城希瓦就坐落于此。很多年前我去过那里，我感觉时间仿佛停在了我们这位花拉子模数学家所在的时代。

但是就算你不知道，你也肯定听说过"花拉子密"，因为正是从这个名字的拉丁文译名 Algoritmi 衍生了我们今天都在使用的术语"算法"（algorithm）。

这个词的意思是，非常精确的数学公式，就像花拉子密在他的书中所写的那样。比如，你在小学学过的两数相乘的计算规则。

如今，大家之所以使用"算法"一词，是因为这些规则是如此精确，以至于计算机都可以理解和执行。通过计算机的语言，它们被记录下来，就成了程序。本书的后面会讨论计算机及其程序。

花拉子密的另一本著作是《代数学》。就算不太懂代数，你也应该

---

① 《印度数字算术》详细介绍了印度 - 阿拉伯数字系统，包括 0 的概念和位置计数法。这本书被翻译成拉丁文后，极大地影响了欧洲的数学发展。——编者注

听说过。在阿拉伯语中，"代数"被写为"al-jabr"，它在英语中变成了"algebra"。这可是你从初中开始学习的科目，并且在高中会继续学习。

花拉子密的盛名万世流芳，因为他的著作在世界各地广为流传。

当时包括整个北非和西班牙都受到了他的影响。由此，他的数学思想，从十进制系统到代数，逐渐传播到了欧洲。

1202 年，花拉子密的数学思想传到了意大利，这要归功于莱昂纳多·斐波那契所著的《计算之书》①。他试图说服同时代的人，阿拉伯数字远比古罗马人使用的算盘要好得多。

但是"算法家"和"算盘家"之间的争论又持续了很长时间，因为那些老顽固们往往更容易被糟糕的老师误导，而不容易被优秀的老师说服。②

---

① 《计算之书》的内容涉及算术、代数、几何和问题解决等数学知识。作者还收集了中世纪时期用于解决日常问题的数学方法及其在商贸、度量衡、货币换算、单利复利计算等各种场合的应用。本书在世界数学史上占有重要地位。——编者注
② 这句话的意思是，在很长一段时间里，欧洲人，包括数学家，仍在辩论和适应新的十进制系统和计算方法，花费了不少时间逐渐摒弃传统的罗马数字和算盘计算方法。这反映了新旧计算方法之间的过渡和冲突，以及人们对于新知识的接受和适应过程。——编者注

谷登堡发明金属活字印刷术
（15世纪中叶）

简单敲一下鼠标按键，或者单击一个计算机图标，你用这种简单的操作打印过多少次文件了？你有没有想过，在这个看似平常的简单操作背后，蕴含着多少发现、发明和创新呢？

这里，我并不是要引导你研究计算机本身，本书的后面会谈到计算机的话题。现在，我想聊的是打印机，以及打印后的纸张是怎么奇迹般地从打印机里面出来的。

这里得补充说明一下：你只能说"几乎奇迹般地"，因为其实这里面根本就没有什么"奇迹"，除非你把高科技就认定为奇迹。

不过，某种程度上，你说得也对，因为科学确实成就了很多超乎寻常的发现。

显然，是你把纸张放进打印机里的。打印完成后，纸就会出来了。如果想打印，要准备的第一个东西就是纸。不过，人们可并不是从一开始就在纸上写东西的。

在人类文明史的初期，符号是被刻在石头上的。今天，我们仍然可以在各地的考古发现和古代遗迹中看到各种岩画。原因很显然——石刻这种方式可以让文字保存得很久。不过很可惜，要移动它们很不方便。

纸是大约 2000 年前由中国人发明的，它是用树皮、破布、旧渔网等作为原料，通过沤浸、打浆、晒干等工序制成的。

即便是现在，在许多东方国家，人们仍然可以找到使用这种古老工艺制作纸张的工匠。

中国人发现，沤浸破布、旧渔网也可以造纸。后来，这种工艺得到了改进，使用了许多其他材料，其中最重要的就是植物纤维。

早在纸张发明之前，古埃及人就利用尼罗河沿岸生长的纸莎草来造纸。他们把这种植物的内茎切成长条，再切成薄片，切下的薄片在水中浸泡几天。之后，将这些薄片并排摆放成一层，在上面再覆上另一层。然后用木槌捶打，压成一片并挤去水分，再放在两块石板之间压紧，不用胶水就能把它压成一片薄纸。

莎草纸的历史悠久，在西方世界有着几千年的使用历史。"纸"的英文是 paper，法语则是 papier，这些词是英国、法国等西方国家使用莎草纸的见证。而意大利的"纸"为 carta，它来自古希腊语，指的就是用纸莎草制作的纸。

大约在公元前 200 年，古希腊人在帕加马（今土耳其境内）发明了羊皮纸。很显然，它比莎草纸更耐用，于是就取而代之，成了书籍的介质。羊皮纸的使用从古希腊和古罗马时代一直延续到了中世纪。

而羊皮纸最后也被更接近现代所用纸的纸张淘汰了。阿拉伯人在公元 1000 年左右将纸出口到了意大利的西西里岛，而这种纸是他们在 750

年左右从中国引入的。

我们再回到计算机和打印机的问题上来。你是不是还要把墨盒装在打印机里呢？

有意思的是，现代的墨粉与古代的墨汁有相似之处，都使用了炭黑，依赖于它的着色能力来实现打印或书写的目的。人们使用的或浓或稀的液体形态的墨汁，是从矿物、植物、动物以及染料中提取的。

古埃及人用黑色墨水和红色墨水来区分正数和负数。后来这种做法也传到了欧洲，于是便有了"赤字"①的说法，表示钱已经用完，账上没有余额。

但最有名的墨汁当属中国墨，它的名字很显然就包含着它的起源地——中国。中国人用毛笔蘸着墨汁在纸上书写，现在仍然有人如此。而在羊皮纸上写字，就得使用一种鹅毛做的笔。

无论使用哪种方法，书写过程总是非常耗时、费力且成本高昂。想象一下，如果你也想拥有你朋友的一本书，你就必须自己动手抄写，或者花钱雇人帮你抄写，你的生活得是什么样子啊。不言而喻，由于存在这些成本，即使是最受欢迎的书籍，流通数量也极其有限。

由于羊皮纸稀有且昂贵，所以它经常被重复使用。刮掉墨迹后在

---

① 经济活动中支出多于收入的数字。因在账簿上用红笔书写，故称为"赤字"。——译者注

纸上重写，这就得到了"palinsesto"（复写本）一词，在古希腊语中，palinsesto 描述的就是"再次刮擦"的这种做法。可是，要想写新书，就必须把纸上原有的内容擦掉。结果就是你得到了新书，却失去了旧书，顾此失彼！

公元 7 世纪左右，中国人发明了雕版印刷术。它最初就像盖图章一样，英国人称"图章"为"stamp"。

至少在理论上，这一过程很简单。在木板上刻出图像或文字的反面，使其成为凸版，然后用这个木刻板去蘸浸墨水。这样，纸上就会印出正向的图像或字体。这个过程被称为"雕版印刷"。意大利语 xilografia 的意思就是"木刻版画"。

中国人从 13 世纪开始用雕版印刷术批量印制纸币，而欧洲人从 15～16 世纪左右开始用木刻版为书籍印制插图。

19 世纪，日本使印刷发展成了一种真正的艺术形式，它就是浮世绘[1]，意思是"描绘浮华世界的画"。你可能看过葛饰北斋的著名画作《神奈川冲·浪里》，这是这种艺术最负盛名的经典作品。

20 世纪，荷兰版画家毛里茨·科内利斯·埃舍尔[2]创作出了非凡的木刻画，深受那些梦想家和数学家的喜爱。你如果感兴趣，可以在网上搜一下他的作品。你一定会大饱眼福！

然而，你应该想象得到，木刻画更适合复刻艺术品，而不是印刷书

---

[1] 浮世绘是日本的风俗画，在江户时代（1603—1868）广为流行，主要描绘生活中的风俗民情。浮世绘有木刻版画和手绘两种形式，影响力最大的是木刻版画。——编者注

[2] 荷兰版画家。毛里茨·科内利斯·埃舍尔（1898—1972）的作品主要涉及几何学和无限延伸的空间概念，充满了对透视、对称和无限重复图案的探索，给人带来独特的视觉体验。他的艺术风格对其他艺术家和电影制作人产生了广泛影响。——编者注

籍。实际上，在木头上雕刻单个图像是一回事，而刻出数百页文字就是另外一回事了。

要印刷书籍，有一个关键步骤必不可少。但是中国人和日本人都无法做到，因为他们的文字系统较为复杂。

你可能知道，汉字书写用的主要是抽象的字符。最初，每个文字的符号都代表了其所指之物的形态。这些字符后来又增加了不少，估计到今天能有 5 万到 10 万个。

让人头疼的是，要想知道这些中国字的读音和含义，就必须先认识它们。一个人认的字越多，就会越博学。

从本质上讲，汉语系统与罗马数字系统有点儿类似，都需要数量几乎无限的符号，而且人们可以不断发明并学习新的符号。

古埃及人最初也使用类似的基于象形文字的系统。象形文字在希腊语中还有一层意思，那就是"神圣的符号"。实际上，古埃及人认为文字是由他们的托特神①发明的。

古埃及象形文字实际上是一种小图像，表现的是实物的简化形象，所以至少在理论上，比汉字更容易读懂。

然而，实际上，事情复杂得多。举个例子，在古埃及象形文字中，一个男人双臂高举的形象居然表示"一百万"。如果事先不知道，你能猜到它的意思吗？反正我肯定猜不到。

① 在古埃及文明中，托特神被尊奉为知识与智慧的守护者，也被视为文字和语言的创立者，他精通天文、数学、医学等。——编者注

但是古埃及人有一个绝妙的想法。逐渐地，他们不再把象形文字作为文字，而是开始将象形文字用作音节符号。

随着时间的推移，象形文字开始表示它们最初代表的单词的第一个音节或第一个字母。

你小时候是不是也用过带图的字母表来学习字母？道理差不多，它向你展示你认识的图像，例如蜜蜂，把它的英文名字 bee 的第一个字母 b 放在画的蜜蜂旁边，告诉你读 bee 的时候第一个字母发 b 的音。

公元前大约 1000 年的时候，腓尼基人发现，可以基于词的发音来书写文字。

他们分析了这些发音后发现，说话的时候并没有用到很多发音。实际上，人们的发音只是以少数元音和更多一些的辅音为基础的。

腓尼基人筛选出了二十几个基本发音，并将每个发音与字母联系起来，强调了书写的符号与相应的发音之间联系的任意性。

当然，各种语言的发音略有不同。因此，它们也需要不同的字母系统。

例如，现代希腊字母有 24 个。前两个字母分别是元音和辅音，分别被称为"alpha"和"beta"。因此，集中了一种语言的所有字母的表就叫作"字母表"，即"alfabeto"。在意大利语中，初级识字课本被称为"abecedario"，其实其词根就是字母表中最前面的 4 个字母——a、b、c、d。

希腊–腓尼基发音系统在某种程度上有点儿像印度–阿拉伯数字系统，它只需要固定数量的少数符号，就可以组成所有单词，而且即使以前没有见过的词，也能被读出来。

大约在 1450 年，德国人约翰内斯·谷登堡灵光一现，利用具有这一特征的字母表发明了金属活字印刷术，虽然在后人眼中，他的想法没什么稀奇，因为中国人在他之前已经发明了活字印刷术。

谷登堡的想法是，印刷文本不需要在新的木块上雕刻原本，因为这些木块不能重复使用。相反，只需要一次性刻制出字母表中每个字母的大写和小写，且每个字母多刻出一些来，这样就能一劳永逸。当需要印刷某个文本的各个页面时，可以重复使用这些活字进行排列和组合。

当然，谷登堡对中国的印刷技术做了一系列的创新。他用刻着字母的金属活字替代了木制活字，这样就可以无限次地重复使用。他还发明了一种油墨，这种油墨在压力下不会晕开，弄脏纸面，也不会像用于书写的墨水那样，使字迹随着时间的流逝而变模糊。为了达到自动化印刷，他设计了一台印刷机，他的灵感来自酿酒师压榨葡萄的榨汁机。

在谷登堡发明金属活字印刷之前，只有极少数人能够买得起手抄本的书。对于普通人来说，因为书籍价格高昂，所以没有学习和阅读的动力。随着印刷术的普及，书籍价格降了下来，很快，每个人都希望家里能有书读，至少要有一本书。

用此技术印刷的第一本书是《谷登堡圣经》。这本书于 1455 年 2 月 23 日印制出来，有 40 本印刷在羊皮纸上，还有 140 本印刷在纸上。从那时起,《圣经》就成了西方每个家庭的必备物品之一。在这些书籍的空白页上,人们会记录下影响家庭命运的重大日子。

1455年谷登堡活字印刷术的发明为近代时期的到来提供了技术基础,对文化的传播起到了重大作用。如果没有谷登堡,今天很多人可能都是文盲,而且不得不花时间去手抄书本,而不是去写作和阅读书籍!

哥白尼驳斥地心说

（1543年）

我想象得到，在你的一生中，你会有许多机会表达自己的心愿（desiderio）。你会和朋友谈天说地，或对着满天星斗说出心中的所思所想（considerazioni）。当你滑完雪或游泳后，可能会累到四肢僵硬（assiderato）。在家里或者在学校，有人还可能说你是"捣蛋鬼"（disastro）……放心，接下来我可不是要对你说教！

你看，我刚刚用了很多词，都是与星星有关的。你可能对这些词熟视无睹，因为这些词源自拉丁语中有关星星的词汇：在拉丁语中，astra 和 sidera 是星星（复数形式）的意思，而名词 astro（星星、明星）和形容词 sidereo（布满星辰的、星星的）都由此衍生而来。

在古代，星星对人类非常重要，以至于不论什么场合，都会用到有关星星的词汇。通常情况下，这些词都经过了转义。在现代意大利语中，"desiderare"（渴望、想要）的含义是向星星许愿。"considerare"（思考、考虑）的含义是凝视星星、认真思考以获得答案。"assiderare"（冻坏、冻僵）的含义是人类感知到星辰的遥远和冰冷，这种冰冷让人的身体都冻僵了。而"diastro"（灾难、扫把星）的含义是那些显得与星星格格不入的东西。

　　尽管现在的意思与最初的含义大不相同，但我们今天仍然在使用这些词汇。这表明我们的语言和思想中充满了与星象学相关的很多东西，而星象学就是古人通过观察星象变化来解释和预言人世间的各种事物。

　　不过幸运的是，那些占星家如今已经"跌落神坛"，受过教育和拥有理性的人只会把他们当成江湖骗子。然而，在无知且迷信的人中，占星家的星座运势之说仍然颇有市场。

　　从原始的占星术到天文学的过渡是逐渐发生的，这个过程构成了一种伟大的思想探险。如果你愿意，可以和我一起快速回顾一下这段历史，试着想象一下你在古代可以在天空中看到什么景象。

　　回想前面的有关泰勒斯和喜帕恰斯的故事，你可能还记得古代的人们认为太阳、月亮和其他天体每天都在绕着地球转。

　　行星似乎都会锚定在一个绕地轴旋转的球体上，地轴则指向北极星。

　　然而，太阳和月亮似乎并没有锚定在其他行星都在的那个球体上。在一年中，相对于其他行星的轨迹，它们因移动所"画出"的圆形轨迹会周期性地上下移动。通过仔细观察天体的运动，古代的人们发现，除了日常的运动之外，太阳和月亮还有另外两种运动方式。

　　在一年中，太阳在一个称为"黄道"①的运行轨道上移动一圈。在大约一个月的时间里，月亮绕地球运行一圈，它的运行轨道称为"白道"。

---

① 天文学术语。人们从地球这个运动中的平台上看太阳，太阳在绕着地球转，慢慢地在星空背景上移动，一年正好移动一圈，再回到原位，太阳如此"走"过的路线被称为"黄道"。——编者注

白道和黄道的交角大约为 5°。这些运动与日食和月食的发生有关。

在看过毕达哥拉斯的故事后，你一定还记得有一颗星星的运动与其他星星不同。人们有时在清晨看到它，有时在傍晚看到它。没错，它就是金星。它似乎也围绕地球旋转，大约每 8 个月绕地球一圈，它的运行轨迹几乎与太阳的运行轨迹在同一平面上。

还有另外两颗行星，它们之所以引人注目，是因为它们的运行与其他行星不同。

意大利语中的"pianeta"（行星）一词源自希腊语"planetes"，意为"流浪者"或"漂泊者"，它用来指那些与行星不同步运动的星星。

这两颗行星中的一颗是木星。它很容易被认出，因为它在夜空中非常明亮，所以被赋予了众神之王 ① 的名字。另一颗是火星，因其红色而显眼。木星和火星大致在太阳所在的平面上运动。

通过观察绕着黄道运行的星星轨迹，古人发现还可以用肉眼看到另外两颗行星：水星和土星。

水星与金星相似，我们也可以在早晨或者黄昏看到它。但是观察它非常困难。它离太阳更近，围绕太阳运行一圈大约需要 3 个月。

---

① 木星在意大利语中为 Giove。Giove 也是罗马神话中的主神朱庇特的名字。主神朱庇特相当于希腊神话中的主神宙斯。——译者注

土星与木星相似，但它离得更远、转得更慢，它绕太阳运行一圈需要将近 30 年的时间，公转周期[①]是木星的两倍多——木星的公转周期是 12 年左右。

多位古代学者发现了 7 个天体的存在，并尝试用各种方式计算它们的运动，其中最聪明的是一位名叫欧多克斯[②]的古希腊数学家。他出生在阿基米德之前的一个世纪。在他所设想的宇宙模型中，太阳、月亮和 5 颗行星依附在 7 个透明的球体上。地球在希腊语中被称为"盖亚"（Gea）。由于所有 7 个球体的中心都是地球，因此这个体系也被称为"地心说"。

不过，为了保持包括地球在内的 8 个球体各就各位，防止它们相互拖拽，古代学者提出了一个复杂的机械系统，这个系统需要类似现代的"滚珠轴承"装置，以形成一个精妙的天体模型。

哲学家亚里士多德试图解释这个天体模型中的大大小小的天球是如何运动的。他设想每个天球都由一个"不动的原动者"推动，即在各种天体所居的各层天球之外，还有一层无天体的天球——宗动天，它带动其内部各层天球做运动，而它自己不动。

然而，这只是一个形而上学的文字游戏，事实上并没有给实际的物理模型增添任何东西。但是，哲学家们很高兴，因为他们觉得自己正在

---

① 公转周期通常用于描述行星绕太阳的运行周期，也就是行星完成一次完整的轨道周期所需的时间。不同行星的公转周期各不相同，这取决于它们与太阳之间的距离和各自的轨道速度。——编者注

② 古希腊天文学家和数学家。欧多克斯提出了同心球模型，认为除了最外层的恒星天球每天均匀地绕位于宇宙中央的地球转动一周之外，水星、金星、火星、木星和土星这 5 颗行星以及太阳和月亮的运动都分别可用一组同心球来表示。——编者注

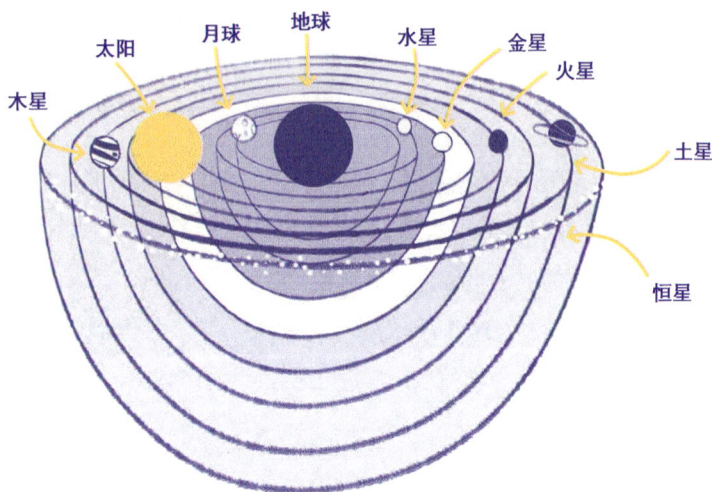

教授科学家们某些东西。

然而，科学家们仔细观察了 7 个天体，发现它们在以不同的方式运动。

太阳和月亮只是简单地沿圆形轨道绕圈，总是以相同的逆时针方向旋转。这与时钟指针顺时针旋转的方向正好相反。

通常情况下，行星也朝着相同的方向转动。然而，它们有时会逆行，进行顺时针转动，然后再恢复逆时针转动！

行星的运动问题被一位名叫阿波罗尼奥斯①的数学家巧妙地解决了。要理解行星的运动问题，你可以这样想象一下：在漆黑的夜晚，你站在了一个圆形广场的中央。

---

① 古希腊几何学家，著有《圆锥曲线论》《论接触》等。——编者注

如果来了一辆亮着警灯的警车，它围绕着广场行驶，你会看到一个光点在绕圈移动，这就像从地球上观察太阳或月亮一样。

如果这辆警车不围绕着广场行驶，而是围绕着矗立在广场边上的路灯灯杆转圈，那么你只会看到闪烁的警灯前后移动。

而如果警车同时做这两种动作，即它既在广场周围绕大圈，又绕着广场边上每个路灯灯杆跑小圈，那么你所看到的就是一颗行星的运动景象。

公元 150 年左右，天文学家托勒密整理了欧多克斯、亚里士多德、阿波罗尼奥斯等人的所有思想，并在一本书中阐述了这些思想理论。这本书就是《天文学大成》。在阿拉伯语中，这本书的书名意味着至高无上，因为它确实是古代天文学知识的集大成之作。

在长达 1500 年的时间里，《天文学大成》一直是学者和学生的参考文献。随着时间的流逝，它成了天文学的"圣经"，而且就像真正的《圣经》一样，最终成了不容置疑的信仰。

天主教会还将《天文学大成》当作其世界观的重要参考。它被看作一本科学知识大全，可以与托马斯·阿奎纳①的《神学大全》相媲美。

托马斯·阿奎纳被认为是中世纪最伟大的神学家，他甚至将亚里士多德的"宗动天"思想应用于上帝本身。也就是说，他将造物主定义为能够创造万物的存在，但造物主自身并不是被任何其他事物创造的。

托勒密体系最终成了一种代表真理的信仰，而不仅仅是一种科学理论。但是，具有讽刺意味的是，正是一位虔诚的天主教徒——波兰人尼

---

① 意大利哲学家、神学家。托马斯·阿奎纳（约 1225—1274）把理性引进神学，是自然神学最早的提倡者之一，也是托马斯哲学学派的创立者。——编者注

古拉·哥白尼 [①]——推翻了他的学说。

哥白尼认为，应该从太阳的角度，而不是地球的角度看待行星体系。这样一来，事情就变得非常简单了。包括地球在内的所有行星，都只是在绕着圆圈运动。没有必要让它们像阿波罗尼奥斯认为的那样在围绕小圆圈运动的同时，还绕着一个更大的圆圈运动。

要理解这一点，你可以想象自己还是站在前面提到的那个广场上，但这次你是站在围绕广场中心旋转的旋转木马上，警车只是围着广场转大圈。但是在你看来，它也在转小圈，就好像在绕着一个路灯灯杆转圈。

实际上，这些小圈并不是由警车完成的，而是你在旋转木马上感觉到的。当坐在旋转木马上时，你会感觉旋转木马的中心好像在围绕着你旋转，但实际上是你在围绕着旋转木马的中心旋转。这就像太阳看起来是绕着地球转一样，而实际上是地球在绕着太阳转。

哥白尼知道，作为一个教徒，最好不要说破这些事情，因为这些是与教会和社会的主流思想相悖的。于是，他一直等到自己生命的尽头，才说出这一事实。

他将自己的发现写在 1543 年出版的《天体运行论》中。当时他濒临生命的尽头。据说，他在临终前不久看到了刚刚印刷出来的样书。

同托勒密体系一样，哥白尼提出的体系也由 8 个球体组成。但是他将地球从世界中心移开，将它放在了原先太阳所在的位置，也就是介于金星和火星之间的位置。

---

① 文艺复兴时期波兰天文学家和数学家。在 40 岁时，尼古拉·哥白尼（1473—1543）提出了日心说，改变了人类对自然和自身的看法。——编者注

现在，体系的中心就是太阳了。在希腊语中，它被称为"helios"。因此，这一新的体系被称为"日心说"，或"哥白尼体系"。

第一个批判他的是马丁·路德[①]，他是一个从天主教会脱离并创立了新教的传教士。

马丁·路德发现，在《圣经》中，一个名叫约书亚的希伯来领袖曾命令太阳停止不动，以结束一场战斗。如果《圣经》说太阳停止不动了，那就意味着是太阳在移动，而不是地球！

起初，没有人把它当回事。但是哥白尼体系开始有了拥护者，因为它比托勒密体系更简单、更清晰。教会开始担心了起来。

第一个坚定地捍卫哥白尼体系的人是乔尔丹诺·布鲁诺[②]。1584 年，他在著作《论无限、宇宙和诸世界》中为哥白尼体系做出了辩护。宗教裁判所逮捕了他，并对他做了审判。1600 年，他在罗马被处以火刑。

1870 年，在意大利复兴运动期间，轻步兵将教皇赶到台伯河的对岸。在解放后的意大利，人们在烧死布鲁诺的广场上竖立了一座雕像来纪念他。你今天仍然可以在罗马鲜花广场上看到这座雕像。

第二个坚决捍卫哥白尼体系的人是伽利略。1632 年，他在著作《关于托勒密和哥白尼两大世界体系的对话》中对哥白尼体系给予了支持。

他的下场比布鲁诺好一点儿，但也好不了多少。他被逮捕并受到审

[①] 16 世纪欧洲宗教改革运动发起人、基督教新教的创立者、宗教改革家。1517 年，马丁·路德（1483—1546）撰写了《九十五条论纲》，反对罗马教廷出售赎罪券，揭开了宗教改革的序幕。——编者注

[②] 意大利文艺复兴时期的思想家、自然科学家、哲学家和文学家。布鲁诺（1548—1600）勇敢地捍卫和发展了哥白尼的日心说（哥白尼体系），并把它传遍欧洲，被世人誉为捍卫真理的殉葬者。——编者注

判，被迫下跪否认哥白尼的理论。最终，他被判处终身监禁。

据说，伽利略在被迫公开宣布放弃捍卫哥白尼体系后，喃喃自语道："但是地球依然在转啊。"他想要表达的是，如果他说过地球是静止的，那也不过是为了不让自己被烧死。

那么你呢？你是拥护托勒密还是哥白尼呢？你认为你自己是世界的中心，一切都必须围绕着你转吗？还是你认为自己只是众多相似个体中的一个，每个人都拥有相同的权利和义务？

伽利略仰望星空

（1609年）

我知道，你年纪还不大，不过你也许看过 20 世纪华特迪士尼公司制作的经典动画电影《爱丽丝梦游仙境》。或者，你可能读过 19 世纪刘易斯·卡罗尔创作的儿童文学作品《爱丽丝漫游奇境记》。这本书更为人所熟知，因为这部动画电影就是根据它改编的。

故事是这样的：主角是一个名字叫爱丽丝的小女孩。无论是在书中还是在电影里，她在故事的一开始就掉进了一个兔子洞，漫长的下落过程似乎永无止境。

书中的爱丽丝也许怀疑过自己是不是来到了地球的另一端，也就是我们脚下地球的另一面。对于像她这样的英国人，或者像我这样的意大利人来说，地球的另一端大致位于新西兰附近。

现在想象一下，这件事要是发生在你身上，或者说，你也像爱丽丝一样掉进了一个洞里，穿过地心并最终到达地球的另一面，你会经历些什么呢？

当然，这个问题只能是理论层面上的。实际上，地心可不是一个可以长期生存的地方，尽管儒勒·凡尔纳在 19 世纪写了一本名为《地心游记》的小说，书中有人历经艰险，试图到达那里。

　　而我向你提出的是一个严肃的物理问题。伽利略在《关于托勒密和哥白尼两大世界体系的对话》中解答了这个问题，我在上一个故事中提到过这本书。伽利略给出的答案简直不可思议。

　　简而言之，当你下坠时，地球的引力会减小，但下降的速度会增大。所以，当你快要到达地心时，你正在全速下降。

　　然后，当你通过地心到达地球的另一面时，地球引力会增大，你的速度又会减慢。所以，当到达地球的另一面时，你会发现自己就像最初一样，停在了地面，然后再次掉进洞中，开始下落。这个过程会来回往复，永不停歇。

　　伽利略是解决这个问题的合适人选，因为他在 18 岁时就解决过类似的问题。1582 年，在比萨大教堂，他观察到一盏挂在天花板上的灯像摆钟一样摆动。他发现摆动似乎总是有着相同的幅度和持续时间。

　　当然，那时候还没有手表，但伽利略通过数脉搏的跳动次数来测量每次摆动的用时，并发现每次用时基本相同。

　　事实上，事情比我给你讲的要复杂。摆钟迟早会停下来，因为空气摩擦力会逐渐减慢摆动速度。当人掉进洞里时也会发生同样的情况。在这种情况下，不论是你还是爱丽丝，迟早会在地心停下来。

　　而事情也比伽利略想的还要复杂。悬挂灯的是一根被拉得紧紧的绳子，它是用来挂重物的。这种摆钟在摆动时，摆动的路线会"画"出一条弧线。它的小幅度摆动的持续时间差不多是相同的，但大幅度摆动则不然。

　　对于一个真正的摆钟，它的重量会导致其摆动画出一条被称为"摆

线"①的曲线弧。可以这样想象一下，"摆线"就是自行车车轮上的一点在平坦的地面上转动时所绘出的曲线。

你可能会问："这有什么要紧的吗？"答案很简单。

建造一个真正的摆钟，意味着要建造一个钟表！但它并不是伽利略做出来的，而是比伽利略晚几十年出生的荷兰人克里斯蒂安·惠更斯②。

1673 年，惠更斯写了一本书，名为《摆钟论》。他解释说，为了让

---

① 摆线，又称旋轮线、圆滚线。在数学中，摆线是指一个圆沿一条直线运动时，圆边界上的一点所形成的轨迹。此圆叫作摆线的母圆，此直线是摆线的准线。——编者注

② 荷兰物理学家、天文学家、数学家。克里斯蒂安·惠更斯（1629—1695）对力学的发展和光学的研究有杰出的贡献，在数学和天文学方面也有卓越的成就，是近代自然科学的一位重要开拓者。——编者注

一个重物沿着摆线摆动，就必须让拴着该重物的绳索沿着有着摆线形状的导轨摆动。

摆钟的问世标志着一个伟大的转折点。在此之前，大型机械钟被安置在教堂的钟楼或市政厅的塔楼中。当钟被敲响时，钟声会宣告时间的流逝。后来，小型座钟走进了普通百姓家，家家户户都拥有一个。

直到今天，我们仍在使用这种通过自然振荡来计时的摆钟。如今，人们利用石英晶体制作电子手表，或者使用铯制作原子手表[①]。而伽利略不仅彻底改变了我们对时间的感知，还发现了钟摆原理。

伽利略通过巧妙地使用望远镜和显微镜，拓展了我们对空间大小的感知。

这两种工具，正如它们源自古希腊语的名字所表达的，可以让人"望远"和"望近"。

要制作这两种工具，就需要镜片。最早的镜片是用天然晶体制造的，很早以前的亚述人、古希腊人和古罗马人就已经开始用天然晶体制作镜片了。

后来，从中世纪开始，透明玻璃的生产使放大镜得以广泛使用。特别是眼镜，它改变了近视者和老花眼患者的生活。

---

① 原子手表是由一种可以防震的铯原子制造的，用这种物质制成的手表不仅精确度高，而且使用的时间长。——编者注

1608 年，一位名叫汉斯·利伯希的荷兰人展现了他的独创智慧。他将两个透镜重合起来，创造了望远镜这一神奇工具。多亏了这个工具，人们可以观察到遥远的景物。

1609 年，伽利略在威尼斯市场买了一个望远镜，这个东西在当时是作为玩具出售的。好奇心强的人用它偷看邻居家的隐私，或观察驶近港口的船只。

伽利略称它为"管子上的眼镜"，因为它就像安装在管子上的眼镜。他灵感突现，有了用其对准天空远望的想法。于是，正是他的这份好奇心永远地改变了天文学的历史，因为在此之前，人们一直是用肉眼进行星辰观测的。

伽利略用望远镜观测的第一个天体是月球。前人亚里士多德曾断言，和地球不同，天体是完美无瑕的，所以月球一定是一个像台球那样非常光滑且有光泽的球体。

然而，伽利略手里的望远镜只能将物体放大 6 倍。但即使是这样一个小工具也足以让他发现亚里士多德的说法是错误的——月球上有山脉和峡谷，就像地球一样。

1610 年 1 月 7 日，伽利略兴奋地给朋友写了一封信。他告诉朋友，那天晚上，他发现了一件非同寻常的事情：在木星附近有 3 个亮点。之前，从来没有人用肉眼见过它们。从那以后，他就开始观测这颗行星，并在日记中写下了所观察到的一切。随着时间的流逝，他发现亮点的数量和位置发生了变化，但它们始终保持在一条线上，与木星平行运动。

过了一段时间，伽利略意识到那些亮点是木星的 4 颗卫星。它们在同一个平面上绕着木星转。这可是个重磅消息！这 4 个新天体被添加到那份自古以来已知的天体星表中。

但这也是个惹麻烦的消息。确实啊，这些天体显然不是绕地球运转的。但根据托勒密的地心说，它们应该围绕地球转！

为了避免哲学家和牧师们的雷霆怒火，伽利略决定投靠强大的美第奇家族的科西莫一世（托斯卡纳大公①）。他献上了对木星的4颗卫星的发现，并用"美第奇"为它们命名。根据传闻，科西莫一世很是称心，给予了伽利略在比萨的讲师职位，还提高了薪资。

不过，为了争取普通人，伽利略于1610年3月13日出版了他的天文观测著作《星际信使》，书中收录了他在决定自己命运的月份中记录下的天文观测日记，以及自己绘制的月球的美丽图像。

这本书出版后，立刻就冲上了十大畅销书榜首，然后，变成了业余天文学家的"圣经"。从那以后，人们就喜欢上了观测天空，而不是看电视。

逐渐地，更长、更强大的望远镜被陆续建造出来，伽利略也能够看得越来越远了。他发现金星的大小随着时间的推移而变化，其变化类似月相②。

这清楚地证明了地球并非宇宙中心，而是围绕太阳旋转的一颗行星，这完全符合哥白尼的日心说，与托勒密的地心说大相径庭。

---

① 从15世纪起，美第奇家族的辉煌历史延续了数个世纪。最初，他们统治着佛罗伦萨市，随后逐渐掌握了整个托斯卡纳地区的权力。在1569年至1860年间，这个家族的成员以托斯卡纳大公的身份治理该地。科西莫一世·德·美第奇于1569年成了首任托斯卡纳大公。——编者注

② 指月球明亮部分的不同形状。随着月球、地球、太阳三者相对位置的变化，从地球上所见月球被太阳照亮的部分会呈现不同的形状（盈亏或圆缺）。——编者注

亚里士多德的观点也一再遭到驳斥，他关于完美无瑕的天体的想法被伽利略的观测结果推翻。当伽利略看到太阳表面出现黑子时，他意识到这些暗斑位置的变化意味着太阳也在自行转动。

亚里士多德还认为银河只是一种大气现象，然而伽利略的深入研究又一次驳斥了这一观点。他指出银河实际上是一个由大量恒星组成的巨大的恒星团。

如你所知，到了 1610 年，教会已经有足够的理由将伽利略视为眼中钉了。但是，这些问题积攒了二十多年才最终爆发。1633 年，伽利略接受了审判并被定罪。

尽管伽利略使用的那架可以放大 20 倍的望远镜从未让他完全确定土星的真实本质，但在他的眼中，那颗行星就像一个带把手的碗。

后来，摆钟的发明者惠更斯于 1655 年制造了一架可以放大 50 倍的望远镜。它帮助惠更斯发现了土星的一颗卫星，并将其命名为"泰坦"①（Titan）。惠更斯看明白了，所谓的"碗把手"其实是土星周围的环。

1671 年至 1684 年间，意大利天文学家乔瓦尼·卡西尼②发现了土星的另外 4 颗卫星。他弄清楚了，土星的光环不是一个，而是有很多。这些光环几乎在同一平面上，绕着土星旋转，并呈现出近似同心圆状的分布。

由此，这两位天文学家揭示了土星的第一个秘密。2004 年，由美国国家航空航天局发射的被命名为"卡西尼-惠更斯"的土星探测器进入

① 泰坦，即土卫六，是土星卫星中最大的一个，也是太阳系第二大的卫星。它是在太阳系内继木星伽利略卫星后发现的第一颗卫星。——编者注

② 意大利（后入法国籍）天文学家、数学家和工程师。在 1671 年至 1684 年间，卡西尼发现了土星的 4 颗卫星，这些发现显著地增进了我们对土星及其卫星系的了解。——编者注

土星轨道。

伽利略花了多年时间仰望星空，观察天体这个宏观世界。之后，他又把目光转向另一个方向，开始观察地球上的那些"细枝末节"的微观世界。

1624 年，他发明了一种显微镜，称之为"occhialino"（小眼镜）。不过，"小眼镜"这个名字不太走运，不像"望远镜"一词能流传至今。今天，我们使用望远镜近距离观察地球上的物体，而用天文望远镜观测遥远的天体。

尽管伽利略没有就显微镜下的观察公开发表过正式的著作，但在给朋友的几封信中，他讲述了他在近距离观察蚊子和跳蚤等生物时的惊奇发现。他特别指出，前者看起来很美丽，而后者则极为可怖。

也许今天这些观察对你来说已经司空见惯，因为人们早已习惯了这些生物的存在。但是，在伽利略的时代，这可是一个爆炸性的新鲜事。

伽利略的《星际信使》在宏观世界中所发挥的作用和罗伯特·胡克[①]的《显微图谱》在微观世界中发挥的作用是一样的。胡克是一位不拘

---

① 英国物理学家、博物学家、发明家。罗伯特·胡克（1635—1703）在力学研究方面，提出了著名的胡克定律，在光学、天文学、生物学等方面也有重要贡献。——编者注

一格的英国科学家，他不仅改良了显微镜，而且通过他的杰作《显微图谱》，向世人展示了一个前所未见的微观宇宙。

他在这本书中插入了一系列精彩绝伦的微观图像。例如，针尖、蜜蜂的刺、雪花、叶脉、蚂蚁，等等。

书中有两幅图像成了标志性的发现并载入史册。一幅是跳蚤，它的奇特形态曾深深震撼了伽利略。另一幅是软木塞的微观结构，胡克将其比作修道院中的小房间，由此，他发明了"细胞"（cell）这个词。"细胞"这一术语至今仍在生物学中广泛使用。

正如你所见，无论是天上的星辰还是地上的昆虫，我们日常生活中最常见的事物都可能蕴含着不可思议的奥秘。

要发现这些奥秘并成为一名科学家，需要的并不多，只需要一颗好奇心和巧妙使用一些小玩意儿的创造力。下一个故事将进一步证明我所说的这个道理。

牛顿在瘟疫时期的重要发现

（1665—1666年）

　　我想，你可能有过长时间居家、与朋友分离的经历。你可能觉得自己仿佛浪费了生命中最美好的岁月，失去了一些永远无法弥补的东西。

　　如果你曾经有过这种感觉，那么你就可以理解年轻的艾萨克·牛顿啦。他在 23 岁时，眼见着自己就读的剑桥大学的大门关闭，学习生涯被迫中断。1665 年至 1666 年的伦敦大瘟疫让他不得不回到老家伍尔索普庄园避难。

　　牛顿的母亲很高兴能够再次见到他，她希望儿子可以放牛，为家里干点儿有用的事，而不是浪费时间看书。

　　但她还是大失所望了。在大瘟疫期间，牛顿充分利用时间打出了自己的名声。正是在那时，他得以不受干扰、心无旁骛地完全沉浸在自己的思考之中。

　　也就在那时，他有了一些发现，使他成为历史上最伟大的科学家之一。至少，他可以与古代的阿基米德和现代的爱因斯坦这两位伟大的科学家并列。

连牛顿自己都说，在那段岁月里，他思如泉涌，产生了许多奇思妙想，令他如痴如狂。

　　后来牛顿还对自己的青春年华感叹不已。像你这么年轻的时候，他得以全身心地投入到科学研究和数学研究中，那时的他所投入的精力甚至超过了他一生中的其他任何时期。

　　首先，牛顿发现了光学定律，永久性地改变了我们对光和颜色的看法。跟伽利略的天文观测一样，一切都始于巧妙地运用了一个最平常不过的"玩意儿"。

　　在牛顿的故事中，这个"玩意儿"是在市集上购买的一个三棱镜。普通人买它是为了观赏它呈现出来的斑斓色彩。当你把它对着光时，可以看到如今非常容易在 CD（小型光盘）或 DVD（多用途数字光盘）上看到的色彩。

　　牛顿在窗户上开了一个小洞，把三棱镜放在从洞里射入的一束细细的白光前。然后，棱镜便在对面的墙上投射出彩虹般的图案。根据不同颜色的光的折射率，棱镜在墙上投射出了从红色到紫色的各种颜色。

　　于是，牛顿得出了一个划时代的重要结论，白色并不是真正的颜色，而是多种颜色的混合。它有点儿像闭合的光谱带，棱镜能够打开它，显示出它的所有彩色光束。

　　为了重新合成白光，只需将这些彩色光束穿过第二个棱镜。牛顿一下子就意识到了这一点，但要验证这个想法，他只能等到第二年。当市

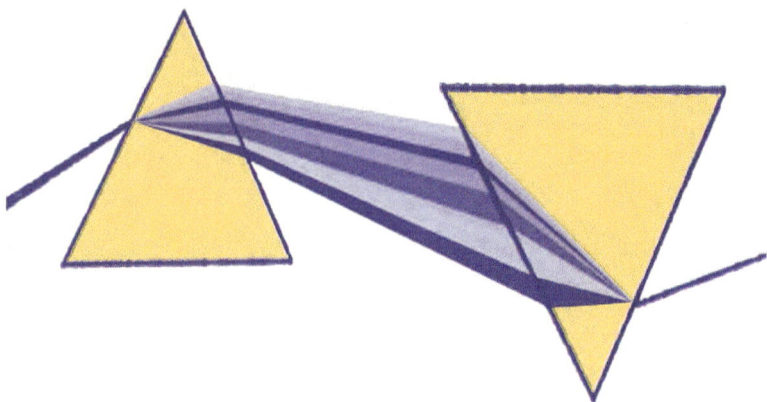

集再度举行时，他终于买到了第二个棱镜。然后，一切都水到渠成。

但关键的是另一个实验。牛顿将第二个棱镜以与第一个棱镜相同的方式排列，并让第一个棱镜折射出来的彩色光束通过它。

在这种情况下，他注意到光线有了进一步偏折，但颜色没有变化。换句话说，第一个棱镜分解出来白光的基本成分，但这些成分无法被第二个棱镜进一步分解。

从那时起，牛顿开始以实践加理论的方式研究光学定律。他将自己的早期发现总结在他的两大杰作之一《光学》中，尽管这部书拖到了约40 年后的 1704 年才出版。

在牛顿得出的结论中，部分曾被阿拉伯人和笛卡儿 ① 预见到，那就是对彩虹现象的解释。你会惊讶地发现，彩虹正是由许许多多的小棱镜在太阳的光线下共同作用而形成的。

---

① 法国哲学家、数学家、物理学家。勒内・笛卡儿（1596—1650）对现代数学的发展做出了重要的贡献，被称为"解析几何之父"。——编者注

这些"棱镜"不过是雨后仍然悬浮在天空中的水滴，你用水泵把水喷到空中也可以产生同样的效果。不过，这两种情况都稍微复杂一些。事实上，每滴水珠扮演了 3 个角色：两个棱镜和一面镜子。

当阳光射入水滴时，第一个棱镜开始起作用，白光先被分解成各种颜色的光。然后，这些颜色的光被水滴的内壁反射回来，就像镜子起到的作用一样。当各种颜色的光从水滴中射出时，第二个棱镜开始起作用，使光线有了进一步偏折。棱镜的作用让你不再像往常一样看到白色的阳光，而是看到被分解的各个颜色的光。而镜子的作用是让你看到眼前的彩虹，即使实际上太阳是在你的身后。

今天，牛顿的所有这些发现你都会在学校学到，或者至少，老师应该教你。不过，老师很可能还会告诉你是牛顿"发现"了 7 种颜色，而这怎么可能呢？

这简直就是无稽之谈。事实上，颜色是无限的，等我们说到电磁波，我再详细地给你解释。但这个错误的观念确实是牛顿本人创造的。

实际上，牛顿是毕达哥拉斯学派的。他试图将毕达哥拉斯的音乐和天文学理论扩展到色彩上来。既然毕达哥拉斯学派认为有 7 个音符和 7 颗行星，牛顿便认为颜色也应该有 7 种。

如你所见，牛顿有两个脑袋，就像罗马神话中的雅努斯①一样。一个脑袋向后看，看向毕达哥拉斯和古人；另一个则向前看，看向爱因斯坦和现代人。

---

① 罗马神话中的神，天宫的守门人，每天负责开启和关闭天空的大门，以让阳光普照或让夜晚降临。所以，古罗马人把雅努斯当作大门和出入口的保护神供奉。雅努斯有两副面孔：一个在前，一个在脑后；一副看着过去，一副看着未来。——编者注

　　正是凭借着第二个脑袋，牛顿构想出了他最为绝妙的著名论断——两个物体之间的作用力和反作用力，总是同时在同一条直线上，大小相等，方向相反。

　　他年轻时就有这个想法，但直到年老时才讲出来。据说，在瘟疫肆虐时期，有一天他坐在自家花园里的一棵树下，一个苹果掉在了他的头上。

　　直到今天，你还可以去伍尔索普庄园旅行，看看那棵树。我们姑且认为就是那棵树。但是看到那棵树也无法解释牛顿当时到底领悟了什么。

　　在你看来，是否真的需要一个天才和一个苹果才能意识到我们周围的所有东西都是朝地上掉的？人人都知道，物体自由下落时是竖直下落的！不需要什么想象力你就能想到，是有什么东西把它们引向地球的中心。

实际上，真正吸引牛顿的不是苹果，而是月亮！

古人已经想到我们的卫星月球是在围绕地球旋转的。这就像被放在带绳子的袋子里的石头，人们提着绳子抡几圈后放手将袋子抛出去。

你可能也玩过类似的东西。有时你会突然放手，发现石头会沿着直线飞出去。这意味着如果没有地球不断地吸引着月球，月球就会做直线运动。

当苹果落在头上时，牛顿想到的问题是：是地球吸引着苹果，才导致它下落吗？地球也吸引着遥远的月球，使其保持在一个轨道上运动。地球施加的这两种力，是同一种力吗？

换句话说，牛顿想到了一个伟大的统一理论，将两个看似不同的东西合二为一。这种统一毕达哥拉斯和阿基米德也做过。毕达哥拉斯是在观察晨星和昏星时得出它们原来是同一颗星星的结论，阿基米德则是研究出关于圆和球体的公式中的 4 个系数。

为了验证他的想法，牛顿必须要做一些计算。使苹果下落的力与使钟摆摆动的力相同，在钟摆每次上升时这种力都会将其向下拉。这种力可以用惠更斯发现的公式 ① 来计算。

吸引月球下坠的力是使其绕地球旋转的力。这种力可以通过牛顿和惠更斯都发现的公式来计算。如果你感兴趣，可以将速度的平方除以地球的半径来计算。

牛顿计算之后发现，使苹果下落的力是使月球下坠的力的 3.663 倍。显然，苹果距离地球中心的距离就是地球的半径。

至于月球，古人已经计算出它与地球的距离大约是地球半径的 60 倍。请注意，3663 约等于 3600，而 3600 正是 60 的平方！

在这里，牛顿有了一个伟大的直觉。无论是近处的苹果还是遥远的月球，地球施加的都是同一种吸引力，而这个力和物体与地球的距离的平方成反比。

为了确保设想的正确性，牛顿对行星进行了类似的验证，发现太阳以同样类型的力作用于它们。然后他验证了木星的 4 颗卫星，发现也是如此。

至此，牛顿得出了一个结论：是万有引力定律在起作用。后来，他在另一部著作《自然哲学的数学原理》中推导了这一结论。这本书是 1687 年出版的，这次从发现到出版大约只用了 20 年，而不是 40 年。

除了光学和引力，牛顿在瘟疫肆虐期间还发展了微积分。当今，全世界的学生都在学习它，你在高中的最后几年中也应该学过。

阿基米德已经在无意中用到了它，找到了圆和球体的公式中的 4 个

---

① 指单摆周期公式。在摆角小于 5° 的时候，单摆做简谐运动的周期（T）跟摆长（L）的平方根成正比，跟重力加速度（g）的平方根成反比，即周期（T）与摆长（L）的关系可以表示为 $T = 2\pi\sqrt{L/g}$。——编者注

系数。牛顿非常清楚，传统的算术太有限了，因为它只能进行有限运算。他找到了一种方法将其扩展到无限项之和与差，今天称之为级数[①]。

一个非常简单的无穷级数的例子就是下图所展示的连续分割蛋糕，就像我们已经"品尝"过的阿基米德公式一样。

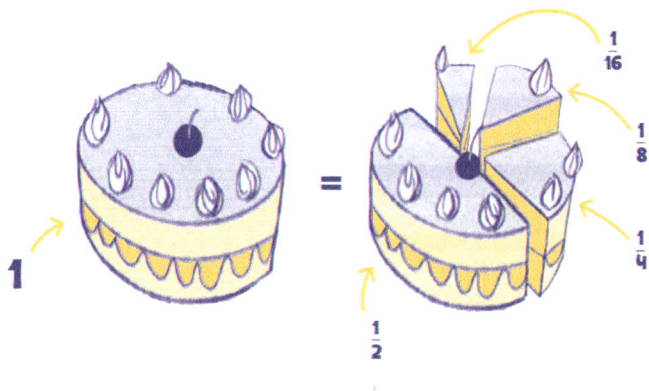

如果想吃掉整个蛋糕，可以先吃一半。然后剩下的一半再吃一半，也就是蛋糕的四分之一。然后吃剩余部分的一半，即蛋糕的八分之一，以此类推。

如果你只切有限数量的那几块，那你就永远切不完这个蛋糕，但如果你能接受无限分割的想法，那么你就能吃到整个蛋糕。牛顿用下面这个公式总结了这个过程：

---

① 级数是指将数列的项依次用加号连接起来的函数。典型的级数有正项级数、幂级数、傅里叶级数等。——编者注

$$\frac{1}{2} + \frac{1}{4} + \frac{1}{8} + \cdots = 1$$

你可能会说这只是用一种复杂的方式来阐述简单的事实罢了。在这种情况下，你说得确实没错，但牛顿的想法可不止于此。

你还记得我之前提到的圆周率 π 吗？为了计算小数点后的两位数，阿基米德需要构造两个 96 边的正多边形。一个内接于圆，另一个外切于圆，并手动计算它们的周长。

后来，为了计算小数点后的更多位数，其他数学家不得不构造边数越来越多的正多边形，并进行越来越复杂的计算。

然而，牛顿和莱布尼茨 ① 发现了下面这个简单的级数可以将神秘的 π 和圆与奇数联系起来：

$$1 - \frac{1}{3} + \frac{1}{5} - \frac{1}{7} + \cdots = \frac{\pi}{4}$$

你是怎么看待牛顿在瘟疫时期充分利用时间进行科学研究的呢？如你所见，塞翁失马，焉知非福。实际上，有时候运气总偏爱那些善于在逆境和不幸中把握机会的人。

---

① 德国哲学家、数学家。戈特弗里德·威廉·莱布尼茨（1646—1716）在数学史和哲学史上占有重要地位。——编者注

詹纳发明第一支疫苗

（1796年）

你小时候肯定接种过疫苗吧？但是，得有人先发明了疫苗，我们才能接种疫苗。发明它的人叫爱德华·詹纳，他可是全人类的大恩人。

仅在20世纪，天花①就夺走了数亿人的性命。在历史上，人类与天花病毒共存了很长一段时间。当时，这种疾病影响了每个人，无论这个人属于什么阶级和阶层。3000多年前，就连埃及法老拉美西斯五世②也因此丧命。

他的木乃伊显示出天花的明显特征，因为感染者的面部和身体会长可怕的脓疱。而幸存者的皮肤上，也会留下无法消除的疤痕。

也正是这些感染后的特征使该病毒得名"天花"。事实上，它最初被称为"天花"，正是因为它完全改变了感染者的容貌。

你还记得吗，中国人非常聪明，是他们发明了纸和印刷术，他们还

---

① 天花是由天花病毒感染人引起的一种烈性传染病，染病后死亡率高，如果痊愈，可获终生免疫。——编者注

② 埃及法老拉美西斯五世于公元前1145年突然死亡。后世考古研究发现，拉美西斯五世可能死于天花。——编者注

发现了两个关于天花的关键事实。

首先，天花有两种不同的形式。一种极其致命（重型天花），每三个感染者中就有一个丧命。还有一种比较温和（轻型天花），只有百分之一的致死率。此外，那些感染第二种天花病毒并幸存下来的人不会再感染第一种天花病毒。

于是，中国人决定让民众尽可能多地"接种"，让人们感染轻型天花，待恢复后获得能够抵御重型天花的免疫力。

从社会的角度来看，这是合理的。假如在 1 亿人口中，每个人都"接种"，将会有 100 万人死亡。但如果每个人都感染了重型天花，则会有约 3300 万人死亡。

从个人的角度来看，这个选择还有待商榷。你会怎么选呢？你是选择"接种"来提高自己的免疫力，成为 99% 中的一员，即轻型天花感染者中的幸存者，还是什么都不做，只是祈祷不要成为大约 33% 中的一员，死于重型天花？

中国的免疫技术是从轻型天花患者身上的疱疹或疮痂中提取物质，将其干燥，研成粉末后吹入"接种者"的鼻孔内。或者，取痘疮痂研成粉末，用水调浆，用棉花蘸浆塞入鼻孔。

当这种做法传到高加索地区后发生了变化。人们会在尚未感染天花的人的手臂或腿上切开一个小口，然后将感染的天花脓疱物质植入。

后来，在发明了注射针头后，接种方式就变成了无菌注射。也就是将天花脓疱中的物质粉碎，溶解在液体中，然后注射到手臂或腿部。这种技术就被称为"接种"。

不过要非常小心，这不是接种疫苗，而是人为的天花传染！

这就像是在高空中走钢丝一样，非常危险。主动感染轻型天花，以求对重型天花免疫。

不幸的是，许多"接种者"死亡了，其他人还是感染了这种疾病，也为传染病在人群中的传播起了推波助澜的作用。换句话说，人们是在两害之中择其轻，指望得上较轻的传染病，以求避免患上更严重的传染病。但是，即便是轻型传染病，它也是一种传染病啊！

"接种技术"从高加索传到了土耳其，然后从土耳其传到了欧洲其他地区。重点来啦，这项技术是由玛丽·蒙塔古夫人[①]引进英国的。

蒙塔古夫人是英国驻奥斯曼帝国大使的妻子，曾在伊斯坦布尔亲眼看到"接种"的效果。蒙塔古夫人自己也曾感染天花，她幸存了下来，但皮肤上留下了疤痕，而她的兄弟因此而死。由于这个问题在当时非常敏感，于是她想科学地验证"接种"的有效性。1721 年，当天花席卷伦敦时，她决定让女儿提前"接种"，结果证明这是有效的。

然后，借助丈夫在宫廷里的影响力，她获准说服 6 名囚犯充当"小白鼠"，接受"接种"实验。一开始，死刑犯"接种"了轻型天花。然后，他们不得不让自己感染重型天花。如果他们侥幸存活下来，就能获得赦免和自由作为回报。

[①] 英国作家，以书信体作品著称。玛丽·蒙塔古夫人（1689—1762）提倡的接种实践对欧洲产生了重要影响，挽救了无数的生命。——编者注

这场大胆的实验成功了，"接种"的做法终于得到了推广。在很短的时间内，"接种"方法在英国站住了脚，但在欧洲的其他地区仍然遭到了反对。

法国人批评英国人，说他们过于轻率，倾向于承担"接种"的已知小风险，不愿面对感染天花这种不确定的大风险。而英国人则批评法国人，说他们坐等感染天花，宁愿承担更大的风险，也不愿接受"接种"的小风险。

听了这些争论，你的耳朵是不是也在嗡嗡作响？他们双方各执一词。事实上，英国人和法国人提前预演了现代疫苗支持者和反对者之间的争论。

特别是那些反对"接种"的人，令他们感到愤怒的是，这种方法来自土耳其，而当时法国的许多贵族不可能屈尊去做土耳其人所做之事！

这说明，早在 18 世纪就已经有了反疫苗人士。然而，讽刺的是，那时，我们如今使用的真正的疫苗还没有发明出来呢。

发明疫苗的灵感来源于爱德华·詹纳先生一次偶然的观察。实际上，在当医生之前，他是一位博物学家和鸟类学者。

你要知道，除了人类会患天花，牛也会患天花，它就是牛痘。这两者相似，但又不同。有一天，詹纳和乡下的一个挤奶女工聊天，她告诉詹纳一件事，这竟然改变了人类历史，也包括你的历史！

挤奶女工对詹纳说，她从未感染过天花。她又说，原因是她已经得过牛痘了。显然，没怎么读过书的牧民知道那些读书人所不知道的事情！

当时，詹纳并不反对"接种"。他知道，"接种"有它的好处。但他也不太赞成接种，原因是，在近一个世纪的时间里，这种做法变得令人更加痛苦，也更加复杂。

确实如此。那些不得不"接种"并承担其风险的人受到了不必要的折磨。比如，"接种者"要提前接受放血、灌肠和禁食等疗法以"净化血液"。

当挤奶女工说出她的看法时，詹纳灵光一现。他意识到可以放弃接种轻型天花，而用牛痘取而代之，做成疫苗。

1796 年 5 月 14 日，詹纳为一个名叫詹姆斯·菲普斯的孩子接种了牛痘。之后，他又让这个孩子感染了天花病毒，但这个孩子身上并没有出现天花症状，就好像接种过轻型天花一样。乍一看，这两种做法非常相似。在两种情况下，都对人注射了一种天花，以诱导其对另一种天花产生免疫力，但是，二者是有本质区别的。

接种天花病毒会诱发高风险疾病，并会继续保存和传播人类天花病毒。但是，接种牛痘疫苗所诱发的疾病几乎无害，并遏制了天花病毒的传播。

这意味着人类找到了真正的灵丹妙药。但是反疫苗人士又一次群情激愤。他们坚称，给人类注射动物制剂会危及人类的纯洁性和完整性。

甚至有位名叫本杰明·莫斯利的医生宣称，接种过疫苗的儿童将在身体上变得和奶牛一样。

还有一位名叫查尔斯·威廉姆斯的画家在 1802 年将这个奇葩的想法绘制成一幅画作，对疫苗接种及其效果进行讽刺。

学院派的老滑头们可能善用外交手段，但绝对没有合作精神。对他们来说，能影响他们的就是个人利益。实际上，当时的"接种"已经变成一门有利可图的生意，而牛痘疫苗接种则会抢走他们的市场和收益。

可怜的詹纳不得不自费发布公告，将自己的发现公之于众。他甚至自掏腰包支付了第一批牛痘疫苗接种的费用。

幸运的是，这种方法开始迅速传播。起初是在英国，然后遍及全世界。詹纳被誉为魔术师——那些被天花疤痕毁容的可怖面孔变得越来越少了。

现在，在发达国家，疫苗接种成了义务。你的祖父母，甚至你的父母，可能会向你展示他们胳膊上接种疫苗时留下的疤痕。这是一种"绿色通行证"，证明他们已经成功接种了天花疫苗。

你知道为什么你没有接种天花疫苗，手臂上也没有疤痕吗？因为通过大规模接种疫苗，天花病毒最终销声匿迹了！

在 20 世纪 50 年代早期，全球每年天花感染病例仍然高达 5000 万例。1959 年，世界卫生组织通过决议，发起了一场全面根除天花的运动。尽管相互敌视，但美国和苏联还是在 20 世纪 60 年代联手合作了，为发展中国家提供了上亿剂疫苗的支持。

这个目标并不容易实现。只要一个偏远村庄里出现一个病例，这种传染病就可能再次悄然蔓延。

最后一个病例发生在 20 世纪 70 年代，到了 1980 年，第 33 届世界卫生大会正式宣告天花被彻底根除。目前，天花仍然是人类成功战胜的唯一一种传染病。

接下来应该轮到脊髓灰质炎 ① 了，这是另一种可怕的儿童疾病。在 20 世纪 50 年代，脊髓灰质炎疫苗研制成功，它成了强制性接种的疫苗。和天花不一样，你必须接种这个疫苗。

但我希望在不久的将来，你能对下一辈人说："你知道为什么你没有接种预防小儿麻痹症的疫苗吗？这是因为，通过大规模疫苗接种，脊髓灰质炎病毒已经彻底消灭啦。"

---

① 脊髓灰质炎是由脊髓灰质炎病毒引起的严重危害儿童健康的急性传染病，患者多为 1～6 岁儿童，在病情严重的情况下，它可能会导致患者瘫痪，故俗称"小儿麻痹症"。——编者注

达尔文种下生命之树

（1859年）

你小时候是不是也想知道婴儿是怎样出生的？迟早会有人给你解释这个问题。但是，你有没有想过，从人类物种的角度来看，人是如何诞生的？

是不是世界上有了第一个男人和第一个女人后，所有人都是他们的后代？如果是这样，那这对男女又是从哪里来的呢？

这些问题的答案取决于你问的人。比如，你要是问一位牧师，他可能会告诉你，世上存在的一切都是上帝创造的。

然后，传统的牧师会加上各种各样的阐释。例如，《圣经》中说，是上帝创造了亚当和夏娃，而所有其他人类，无论男女，都是他们的后代。

如果你是一个好奇心强的人，你可能会去翻阅《创世纪》。你会发现所有的植物和动物都是上帝一一创造出来的。它们一直存在，后来一直没有改变过。它们都是为了人类的利益而被创造的。

"所有物种都是上帝创造的"，这种观点被称为"神创论"。每个物种都一成不变且始终如一地自我复制的观点被称为"物种不变论"；"所有物种都有明确的目的"的观点被称为"终因论"。

神创论、物种不变论和终因论这三种思想构成了西方一些宗教关于生命的思想基石，它们至少持续到 18 世纪。瑞典生物学家卡尔·林奈[①]认同这些观点。

他承担了对植物和动物王国进行分类这项雄心勃勃的艰巨任务。这项工作耗费了他几十年的时间。从 1730 年到 1758 年，他不断扩充内容，先后发布了生物分类巨著《自然系统》的 12 个版本。

在此之前，也有其他人试图对动物进行分类。例如，亚里士多德将动物分为有血动物和无血动物。这种分类有些粗糙，因为他把太多不同的东西放在了一起。

而在中世纪，德国哲学家大阿尔伯图斯·马格努斯[②]将动物分为 4 种类型：陆路动物、飞行动物、水栖动物和爬行动物。

林奈则更倾向于以哺乳动物、鸟类、鱼类和爬行动物来命名。更准确地说，他引入了基于属名和种加词（种小名）的双名命名法。

实际上，整个系统是基于多层次的分层结构。今天我们将所有生物划分为域、界、门、纲、目、科、属、种。

例如，智人（人类）属于动物界灵长目人科。通过这种方式，我们可以知道，人类和猿类之间有着亲缘关系。

特别要注意的是，所有猿类都属于灵长目。在人科动物中，还有猩猩、大猩猩和黑猩猩。因此，你可以想象得到吧，林奈受到了严厉的批

[①] 瑞典生物学家，动植物双名命名法的创立者。1735 年，卡尔·林奈（1707—1778）发表了最重要的著作《自然系统》，对动植物分类研究产生了深远的影响。——编者注

[②] 德国哲学家。大阿尔伯图斯·马格努斯（约 1200—1280）花费大约 20 年的时间完成了《物理学》这部巨著，内容包含自然科学、逻辑学、修辞学、数学、天文学、经济学、政治学等。——编者注

判，而且这些批判不仅仅来自牧师。

林奈发现，《圣经》体现的物种不变论也有例外。确实如此，几千年来，农民和养殖者都会对植物和动物进行杂交，并获得了截然不同的品种。

例如，通过人工选择特定的犬科品种，可以培育出面恶心善的斗牛犬或优雅机敏的灵缇犬。

第一个对神创论和物种不变论提出正式质疑的人是法国人拉马克①。

起初，他只观察无生命的世界，他发现两种因果关系在不断地重塑地球表面。

一方面，有一些不寻常的突发事情发生，它们以大灾难的形式瞬间扰乱了地球，例如陨石、火山爆发、地震、洪水和干旱。

另一方面，也有一些日常的事情，它们以微小却从未间断的变化对地球表面进行着精雕细琢。比如，风的吹拂、雨水的降落和河的流淌。

拉马克知道岛屿和山脉可以慢慢出现，也可以逐渐消失。他想，同样的事情也可能发生在地球的植物和动物身上。因此，和无生命的世界一样，有生命的世界也处于不断发展中。在地质时期，新物种可能会不断出现或取代旧物种。

---

① 法国博物学家，生物学奠基人之一。拉马克（1744—1829）继承和发展了前人关于生物是不断进化的思想，提出了生物是从低级向高级发展进化的学说，是进化论的倡导者和先驱。主要著作有《法国全境植物志》《无脊椎动物系统》《动物学哲学》等。——编者注

1809 年，拉马克首次提出了生物学中的进化学说。之后，他一直尝试解释该机制是如何运作的。

简而言之，环境会影响个体的习惯和行为，个体的器官会因长期使用或不用而发生改变。个体获得的新特征会遗传给后代。

例如，一只长颈鹿要和其他动物争吃树叶。为了吃到更高处的叶子，它努力伸长脖子，这样就能到达其他动物无法触及的地方。而它的后代，就会遗传它因长期使用而获得的长脖子。

如果你不太相信这个理论，那么你的困惑情有可原。毕竟，为什么后天获得的特征会遗传给后代呢？我们也没有听说过有人在事故中失去了胳膊或腿，然后生出的孩子也四肢残缺吧？

今天，拉马克的这种错误的解释会遭到嘲笑。但值得赞扬的是，他的进化思想是正确的，尽管后来另有他人发现了真正的进化机制。

这个人就是英国的查尔斯·达尔文。实际上他的人生开局并没有那么顺利。小时候，他看起来是一个游手好闲的懒散学生。但事实上，他是一个梦想家！他对学校没有教过的东西非常感兴趣。你小时候是不是也跟他一样？

他的父亲绝望了，判定这个一无是处的儿子只能当牧师。于是，他送儿子去学习神学，很显然，这样会让他相信神创论、物种不变论和终因论。

1831 年，达尔文 22 岁，他并没有走父亲规划的那条路。这时，好运降临到了他的身上。勘探船"贝格尔号"的船长正在寻找一位博物学家一同前往南半球进行探险考察。

这个消息传到了达尔文的导师的耳朵里，他把这个消息告诉了自己的学生达尔文。达尔文略加思考，便决定参加这次长达 5 年的环球考察。

航行中，他带上了查尔斯·莱伊尔① 刚出版的《地质学原理》。这本书根据当前发生的事情来解释过去发生的事情。读了此书后，达尔文走上了和拉马克同样的道路。

特别是在观察阿根廷的潘帕斯草原和智利的山脉时，达尔文开始接受地质学中的概念，即长期的微小变化可以引起巨大的变化。

航行中最著名的一站是加拉帕戈斯群岛，这是厄瓜多尔海岸附近的一个群岛。今天，那里是一个自然公园，但在当时那里是流放犯人之地。或许，在某种程度上，这还跟以前一样是一回事，没什么区别，因为现代的游客们也常常被看作一种新型的"强迫劳动力"。

群岛的管理者给了达尔文一个至关重要的线索。他透露可以根据龟壳的细微特征来区分各个岛屿的海龟。

传闻在回程的途中，达尔文在澳大利亚港口稍作停留，在那里他发现了另一个线索。他发现，在这个遥远的大陆上，有许多与欧洲相似的哺乳动物，从狗到老鼠都有，但它们有一个本质的区别：澳大利亚的是有袋动物，就像袋鼠一样。

---

① 19 世纪英国著名的地质学家，地质学渐进论和"将今论古"的现实主义方法的奠基人。《地质学原理》是查尔斯·莱伊尔（1797—1875）的重要著作，达尔文的进化论便是受到这本书的启发。——编者注

换句话说，这些动物的幼仔不是在母亲体内的子宫里发育的，而是在一个外袋中，这个外袋称为"育儿袋"，位于母体腹部的上方。

达尔文认为，可以想象，加拉帕戈斯群岛所有的海龟都源自一个共同的物种，然后它们适应了各个岛屿上的不同生活条件而有所变化。

然而，在澳大利亚，似乎有两种截然不同的"创造"——造物主以两个平行版本复制了自己的作品：一个是胎盘动物，另一个则是有袋动物。

1836年，达尔文终于回到了家乡，他开始思考在旅行中观察到的一切。

他很快意识到，自己不再是当初出发时的那个神创论者和物种不变论者，相反，他变成了一个和拉马克一样的进化论者。但他还没有确定"进化"是怎样一个过程，答案是他后来逐步得到的。

为了找到这道谜题的答案，达尔文玩了一种三张牌的游戏。他的第一张"牌"是1837年7月发现的，是他开始写下第一批笔记之时。他显然知道农民对植物，以及饲养者对动物进行的人工选择，这种选择都是基于它们的不同特征的。他想知道，大自然是否也是通过类似的自然选择来塑造物种的。

第二张"牌"是达尔文通过阅读1798年出版的那本著名的《人口原理》而来的。这部书的作者托马斯·罗伯特·马尔萨斯①认为，随着人口的增加，劳动者之间的竞争也会加剧，以争夺变得稀缺的工作岗位。

---

① 英国人口学家、政治经济学家。托马斯·罗伯特·马尔萨斯（1766—1834）以其人口理论闻名于世。——编者注

达尔文认为，在植物和动物中也发生了同样的事情，它们为了争夺有限的可用资源而进行竞争。在这两种情况下，最适应竞争的将会取得优势并生存下来，即适者生存，优胜劣汰。

注意，达尔文主义的"座右铭"是适者生存，而不是优者生存！

如果你把这个座右铭应用到你看的电影、听的音乐和读的书上，你就能更好地理解啦。你是不是经常感到奇怪：为什么取得成功的反而是那些平庸的作品呢？原因就是，在大部分情况下，决定成功的是市场规律，而不是美学规律！

所以，在排行榜上，通常名次好的不一定是最好的。甚至在学校里也是这样。名次好的就一定是最好的吗？并不是，正如达尔文在学校里的表现一样。

为了完成这项工作，还有一张"牌"有待发现。1842 年，达尔文在研究物种的环境适应方面发现了它。那就是"适应性"，它确定了最适合生存的个体特征。

我们以拉马克提到的长颈鹿为例。并不是那些伸长脖子的鹿把长脖子基因传给了它们的孩子，而是那些偶然生出的脖子更长的长颈鹿更适合生存，而且，它们在与短脖子的长颈鹿的竞争中逐渐胜出，因为它们比短脖子的长颈鹿更适应它们的生活环境。

　　1859 年，达尔文出版了《物种起源》[①]，这是科学史上最伟大的著作之一。它与哥白尼的《天体运行论》、伽利略的《关于托勒密和哥白尼两大世界体系的对话》和牛顿的《自然哲学的数学原理》齐名。

　　教会立即对他进行了猛烈的抨击。从教会的角度来看，这种抨击可以理解，因为进化论不仅推翻了神创论和物种不变论，而且还推翻了终因论。它把人类从地球的中心移开，就像哥白尼和伽利略的日心说把地球从宇宙中心移开一样。

　　而我们，要一起感谢达尔文，因为是他教给我们这谦卑而伟大的一课！他解答了这个故事开头的问题，他的答案不仅关乎人类是如何诞生的，而且涉及包括动物和植物在内的所有物种的起源。

---

① 《物种起源》一书系统地阐述了生物进化的基本原理，提出了自然选择学说。该书不仅是生物学发展史上的里程碑，也是人类思想史上的重要转折点。——编者注

麦克斯韦确立电磁理论

（1865年前后）

请思考片刻，看看你能不能列举出在日常生活中看到的冒火星儿的有趣现象。

比如，雷暴天气中的闪电，打火机打火的瞬间，点燃生日蜡烛，燃放鞭炮或烟花，在金属板上摩擦钉子，焊接或切割金属，等等。

有时，你在触摸化纤面料或者开汽车车门时，可能会感到被电了一下。你可能也发现，在给猫梳毛后，会有碎纸片或泡沫塑料的碎屑吸附在猫身上。还有，在用劣质梳子梳头之后，你可能会发现头发竖起来了，或者贴在了额头上。

所有这些都是静电现象，所以那种防止头发竖起来的梳子被叫作"防静电梳子"。

意大利语"elettricità"（电）源自古希腊语"琥珀"一词。由此可以知道，这种现象在古代就被人们发现了。就跟梳猫毛一样，当时的人们用布摩擦琥珀后，琥珀也会吸住纸屑。

如果你想像古希腊人那样，做一个有趣的小实验，那就拿一块羊毛布、两根玻璃棒和两根塑料棒。

如果你用羊毛布擦拭两根玻璃棒，然后把它们拉近，你会发现它们

相互排斥。如果你再用布擦拭两根塑料棒，也会出现同样的情况。但是，如果你用布分别擦拭一根玻璃棒和一根塑料棒，然后将它们拉近，你就会发现它们竟然相互吸引。

显然，在这两种材料中发生了一些不寻常的事情。我们可以说一种带了正电荷，另一种带的是负电荷。

但重要的是，两个带有同种电荷的物体会相互排斥，两个带有相反电荷的物体会相互吸引。

这就是著名的同极相斥、异极相吸原理，似乎朋友或恋人的相聚相离都符合这一原理。

我们再来说说磁铁。你一定玩过吸铁石，它具有吸引铁的奇妙特性。

古希腊人在古城马格内西亚①发现了这种现象。这个地区富含天然磁铁，拥有磁铁矿石。

同样，我们前面提到的那些现象都叫作"静磁现象"②。

刚才，你已经按照古希腊人的方法做了一次小小的静电实验。现在你可以再做一个，还是按着古希腊人的方式，但这次是有关磁力的。

---

① 古城马格尼西亚（Magnesia）因其拥有磁铁而闻名。事实上，磁铁（magnet）这个词就是从马格尼西亚的名称衍生而来的。——译者注
② 静磁现象是磁学中的一个基础概念，涉及磁场、磁力线、磁化强度等。——编者注

首先拿一块磁铁，然后拿一些金属回形针靠近它，你会发现它们被磁铁的一端所吸引，这一端被称为"正极"。但回形针不会被另一端所吸引，那一端就被称为"负极"。

然后，你拿起两块磁铁，让它们靠得更近。这一次你会发现两个相同极会相互排斥，而两个不同极彼此吸引。

也许你想知道，当一块磁铁断成两半时，它的两个磁极会发生什么。1269 年，佩雷格里努斯①就试图这样做过。在他那封关于磁铁的信件中，他写道，磁铁断开了，他只得到了两块新的小磁铁，而且每一块都有两极！

他又试了一次，把小磁铁断成了两块更小的磁铁。他继续试下去，最后只能得到一些没有磁性的碎片了。他原本试图细分磁力，结果却让磁力消失了！

换句话说，磁极是无法被分离出来而单独存在的。或者说，至少到目前为止，没有人能够做到这一点。但是，电荷可以被分离。例如，正如我们将在马克斯·普朗克②的故事里看到的那样，一个电子具有一个负电荷，而一个质子具有一个正电荷。

这是电和磁之间的主要差异，而在其他方面它们非常相似。事实上，查利·奥古斯丁·库仑③在 1785 年发现了有关电荷的定律，即库仑定律。

---

① 法国学者、物理学家，是西方较早研究指南针的人。——编者注
② 德国物理学家，量子力学重要创始人之一。马克斯·普朗克（1858—1947）因对量子的发现而推动物理学的发展获得 1918 年诺贝尔物理学奖。——编者注
③ 法国工程师、物理学家。查利·奥古斯丁·库仑（1736—1806）的主要贡献在工程力学和电磁学方面。他以扭秤实验、库仑定律、库仑土压力理论闻名。为了纪念他的伟大贡献，电量单位库仑就是以他的姓氏命名的。——编者注

库仑定律是这样说的：真空中两个静止的点电荷之间的相互作用力同它们的电荷量的乘积成正比，与它们的距离的二次方成反比，作用力的方向在它们的连线上，同名电荷相斥，异名电荷相吸。

你有没有发现，库仑关于电荷的定律和牛顿的万有引力定律很相似？不同的是，万有引力只起到吸引作用，而电荷既可以相互吸引也可以相互排斥。

所以，你可以想得到吧，这三种力（电荷、磁力、万有引力）或多或少有着相同的性质。特别是，电荷和磁力只是同一现实事物的两个不同方面。但是，为了解答这个谜题，还缺少一些关键部分。

首先，一如既往，解答谜题的线索仍然是由中国人提供的。在公元1000年左右，中国人发现了一个对航海非常有用的现象：如果将一根磁棒附着在一块浮木上，它会自动指向北方。

然后，这项发明又是通过阿拉伯人传入了欧洲。在欧洲，它得到了改良，更易于人们携带。人们不使用水，而是将磁针固定在一个轴上（尽量减少摩擦，使磁针能自由转动），并放置在由黄杨木制成的盒子里。所以，这种工具也被称为"罗盘盒"，也就是指南针。

佩雷格里努斯在研究磁石的时候，拿了一块球形磁石，将指南针滑过它，并用笔画出了指南针滑过的轨迹。令他惊讶的是，所有的轨迹都呈现出圆圈状，而且圆圈最后都在相对的两点相交。

这些圆圈类似地球的经线，它们在北极和南极相交。因此，佩雷格里努斯将球形磁石的两个交汇点称为"磁北极"和"磁南极"。

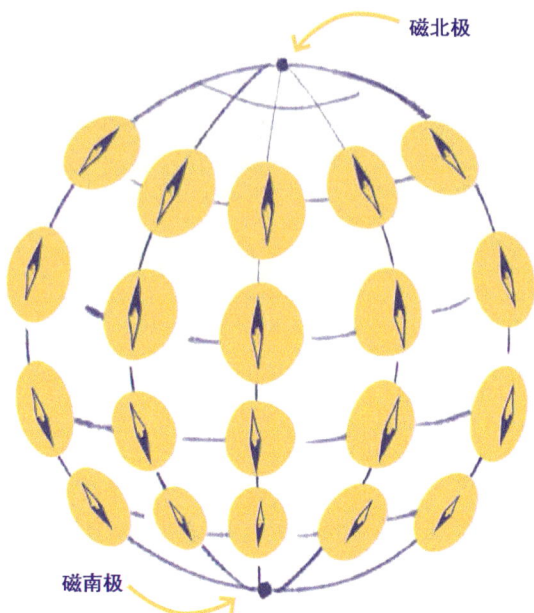

即使磁铁或吸铁石并不是球形的，我们今天所讨论的也还是磁极。但是，我们通常不说北极或南极，而是说正极或负极。

威廉·吉尔伯特①在 1600 年出版的《磁石论》一书中解释了指南针现象，推测地球是一块巨大的磁铁。他假设地球的磁极与地理极点重合。

这个想法几乎是正确的。之所以说是"几乎"，是因为磁极只是接近地理极点，而指南针并没有精确地指向北方。因此，我们有必要考虑

---

① 英国物理学家。威廉·吉尔伯特（1544—1603）在电学和磁力学方面有很大贡献。1600 年出版的《磁石论》是物理学史上第一部系统阐述磁学的科学专著。——编者注

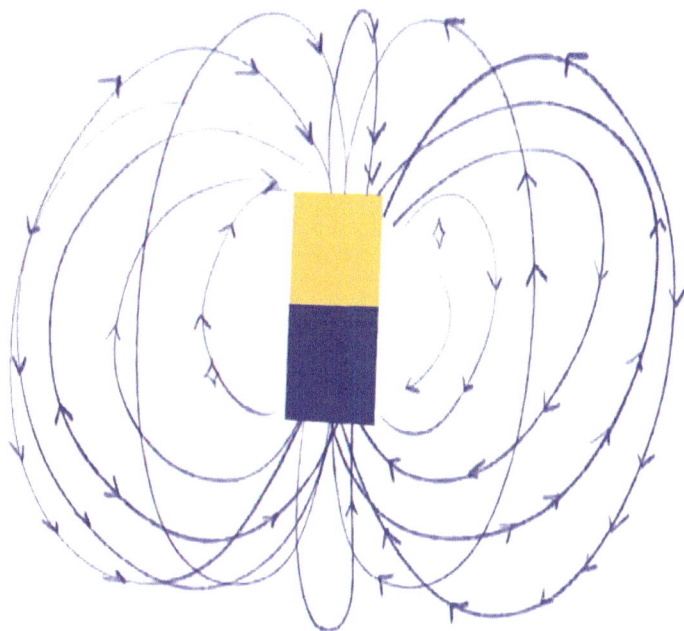

这种细微的差异，以及它随时间变化的事实。

　　然而，不仅仅是球形磁铁（比如地球）表现出这种方式。你可以试着在任何一块磁铁的周围撒一些铁屑，你会发现铁屑会整齐地排列成曲线，这些曲线最终汇聚在两极。这些铁屑就像许多小指南针的指针，分布在磁铁的周围。

　　这些曲线在 1852 年被迈克尔·法拉第①称为"磁力线"。他认为这是无形磁场的可见表现，且分布在磁铁周围的整个空间中。

---

① 英国物理学家、化学家。迈克尔·法拉第（1791—1867）发现了电磁感应现象，在电磁学方面做出了伟大贡献。为了纪念法拉第的贡献，在国际单位制中，电容单位被命名为法拉。——编者注

这种观点在当时是全新的，也是革命性的。但后来它不仅应用在电磁学研究中，而且应用在整个物理学领域。特别是在 1915 年，阿尔伯特·爱因斯坦[1]在研究引力时受到了法拉第的磁力线概念的启发。

除了磁场，法拉第还考虑了电场。电流的概念已经进入了电学科学家的思想和语言当中。它是由亚历山德罗·伏特[2]提出的，他于 1800 年对外宣称发明了第一个伏打电堆。

伏打电堆就是我们现在使用的电池的前身。你一定了解并使用过电池。如果用电线连接电池的正极和负极，就会产生电流，你是知道这些的，对吧？毕竟，这就是电池的用途。

但你可能不知道，汉斯·奥斯特[3]在 1820 年有了什么新发现。如果你把指南针放在电流通过的导线附近，指针就会移动。也就是说，电流可以产生机械运动。

很多家用电器的电机就是这样运作的，比如风扇、吹风机、搅拌机、冰箱、洗碗机、洗衣机、烘干机，以及吸尘器，等等。

1831 年，还是法拉第，他发现如果将磁铁靠近一根闭合的圆圈形电线，或者将其移开，就会在电路中产生电流。也就是说，机械运动可以产生电流。

旧式自行车上的车灯就是这么点亮的，但是它并不需要电池。在

---

[1] 现代物理学的开创者和奠基人。阿尔伯特·爱因斯坦（1879—1955）在量子论、分子运动论、相对论等物理学领域中取得了历史性成就，推动了物理学理论的革命。——编者注

[2] 意大利物理学家。1800 年，亚历山德罗·伏特（1745—1827）发明了伏打电堆。为了纪念他在物理学方面的卓越贡献，人们将电压的单位命名为伏特。——编者注

[3] 丹麦物理学家、化学家。在物理学领域，汉斯·奥斯特（1777—1851）发现了电流的磁效应，轰动了科学界，使电磁学的发展进入了新时期。——编者注

车轮上放置一块磁铁，可被看成"发电机"。骑车时，车轮会转动起来，车轮带动磁铁转动，于是磁铁产生了电力。骑得越快，产生的电力就越强。

这些发现表明，电场和磁场是相互影响的。麦克斯韦在1865年再次引起了轰动。他同泰勒斯、阿基米德和牛顿一样，完成了一次伟大的"统一"。

麦克斯韦发现，电和磁并不是两种独立的现象，它们是同一现象的两个方面，从此这种研究被称为"电磁学"。

麦克斯韦写下了4个方程：两个关于静电场和静磁场，另两个关于动态场，它们几乎包含了有关电磁场的所有重要知识。这些方程变得像牛顿的万有引力定律一样著名，并且隐藏着许多深奥的秘密。

第一个秘密是麦克斯韦自己发现的。那就是描述电磁场变化的方程与描述波运动的方程具有相同的形式。就像空气中传播的声波，电场和磁场以电磁波的形式传播。

第二个秘密也是麦克斯韦发现的。那就是这些波在真空中的传播速度几乎等于光速。

乍一看，这件事很奇怪，因为光似乎与电或磁都无关。但正是这种巧合表明，光其实就是一种电磁现象。

更准确地说，光的可见部分位于电磁波谱的特定范围内，它的波长范围在大约400纳米到700纳米（十亿分之一米）之间，这对应电磁波谱的紫光波长和红光波长。

麦克斯韦想，可能还存在其他的波，其波长比可见光的波长更短或更长。海因里希·鲁道夫·赫兹①在 1887 年发现的无线电波证实了这一点。

赫兹认为这个发现并没有什么实用价值，但你知道，他错了。这并非毫无意义！当我们听收音机、看电视、用手机时，我们使用的就是无线电波。

此外，现实生活中电磁波几乎无处不在。用来加热食物的微波炉、红外线电视机遥控器、可感知的可见光、可能会晒伤你的阳光中的紫外线、用于医疗检查的 X 射线，以及 PET（正电子发射体层成像）检查中涉及的伽马射线，以上这些都涉及电磁波。

你看，电磁波谱就像物理学中浑身是宝的宝藏猪，它的每个部分都是有用的，没有一点儿被浪费！

---

① 19 世纪德国物理学家。海因里希·鲁道夫·赫兹（1857—1894）对电磁学有巨大贡献，故频率的国际单位制单位赫兹以他的姓氏命名。——编者注

门捷列夫准备"元素盛宴"
（1869年）

当你环顾四周时，难道没有被大千寰宇中存在的种种事物所震撼吗？仅仅地球上存在的丰富多彩的事物就已经令人心醉神迷了！世间万事万物之间又是如此地不同！只有灵光一现的天才才能想到，无论何物都是由相同的"砖块"构建而成的。

天才的灵光发生在一位名叫德谟克利特[①]的先生身上。他是一位古希腊数学家和哲学家，生活在公元前 400 年左右。而这个想法是由数学启发而来的。

事实上，连整数都是以这样的方式构成的，构成整数的"砖块"被称为质数[②]，它们是不能再分解的最小数字。

德谟克利特认为，也许同样的原理也适用于物理世界中的物体，也许它们也是由无法进一步细分的"砖块"构建的，就像质数一样。

他把这些"砖块"称为"原子"（atomi）。在古希腊语中，它的意思

[①] 古希腊唯物主义哲学家，原子唯物论学说的创始人之一。该学说认为万物的本原是原子与虚空。原子是一种最后的不可分的物质微粒。——编者注

[②] 质数是指在大于 1 的自然数中，除了 1 和它自身外不能被其他自然数整除的数。质数的个数是无穷的。——编者注

是"不可分割的"。他发现，如果原子不存在，那么一切事物都可以无限次地分割下去，而每件事物都会变成一个完整的宇宙。

说实话，德谟克利特并没有真正证明原子的存在。他的发现更像是一个论点，表明只有两种选择：要么相信原子的存在，要么相信万物的无限可分性。

这两种选择都是有问题的。但奇怪的是，人们的选择分布非常不均，几千年来，几乎所有人都选择了否认原子的存在。

只有一位哲学家追随了德谟克利特，他就是生活在公元前 300 年左右的伊壁鸠鲁 ①。但传播原子论思想的是一位名叫卢克莱修的拉丁诗人，他生活在公元前 100 年左右，著有一部名为《物性论》的伟大杰作。

这部作品在文学领域中是独一无二的。它所讲的并非人文主义，而是科学；它谈论的是世界是如何构成的，而不是人类做了什么。卢克莱修不同于荷马 ② 到毗耶娑 ③ 等其他诗人。他谈论的不涉及爱情、战争和旅行等老生常谈的话题，他谈论的是世界上的事物。

卢克莱修还不能证明原子的存在，但至少他证明了原子的存在是合理的。例如，他注意到人们的书写也有自己的"原子"，那就是字母表中的字母。

通过组合字母，就形成了单词、短语、段落和章节，乃至作品。同

---

① 古希腊哲学家，被认为是西方第一个无神论哲学家，创立了伊壁鸠鲁学派。伊壁鸠鲁继承和发展了德谟克利特的原子论，认为万物是由不可分割的原子组成的。——编者注
② 古希腊的盲诗人。他根据民间流传的诗歌编写的两部史诗《伊利亚特》和《奥德赛》对西方文化产生了深远的影响。——编者注
③ 被认为是印度史诗《摩诃婆罗多》的作者。这部史诗中包含丰富的民间传说、寓言和神话，对印度文学影响很大。——编者注

样，原子组合起来，就逐渐形成分子、化合物和混合物。

卢克莱修做的这一类比很重要。它会让你发现：种类有限的原子可以用来解释种类无穷的事物，正如为数有限的字母可以拼成无限多的词汇，写出无限多样的作品一样。

于是问题产生了。构成事物本质的原子是什么？原子有多少种呢？这是现代化学的根本问题。而在德谟克利特谈到原子论之前，古代哲学家就已经在试图解决这些问题了。

当然，起初他们的观点还略显稚嫩。例如，泰勒斯声称水是万物的本源；阿那克西曼德①说，万物的本源应该是一种无形的东西，即气；克塞诺芬尼②认为，世界的本源是一种抽象存在，世界就是我们常见的土；赫拉克利特③认为，万物皆源于火；恩培多克勒④的观点则更普遍，他认为世界万物是由水、气、土与火组成的。

从字面上看，所有这些说法都荒诞无稽。正如两千多年后莎士比亚在《哈姆雷特》中所说：天地万物，比德谟克利特之前那些哲学家们所能梦想到的多得多！

① 古希腊唯物主义哲学家，泰勒斯的学生。他认为万物的本源不是具有固定性质的东西，而是"无限定"，即无固定限界、形式和性质的物质，其思想和学说对西方哲学和科学的发展有着不可忽视的贡献。——编者注
② 古希腊诗人、哲学家，埃利亚学派的先驱。他的批判精神和对传统神话的挑战，为后来的哲学家和诗人提供了新的思路和灵感。——编者注
③ 古希腊唯物主义哲学家，辩证法的奠基人，著有《论自然》。他是古代朴素唯物主义的代表人物之一，其思想在哲学史上产生了深远的影响，是后世辩证法思想的源泉。——编者注
④ 古希腊哲学家。他认为，火、土、气、水是组成万物的根，万物因四根的组合而生成。——编者注

更宽泛地说，也许那些哲学家想要表达的是，世界上的一切都像土一样是固体，或像水一样是液体，又或像空气一样是气体。而火可以让事物从一种状态转变成另一种状态，例如，冰受热可以融化成水，水受热会变成水蒸气。

2500年前的人们有这样的想法，已经很不错了。但是，时至今日，许多人文主义者仍在谈论这四大元素，他们对前人的观点视若无睹，这是多么愚不可及。事实上，古代的四大元素中没一个能经受住"火的考验"。

水是一种分子，由两个氢原子和一个氧原子组成。土和空气是多种元素的混合物：土主要是由氧和硅组成，空气主要由氮和氧组成。而火体现的是一种过程，并非一个元素。

矛盾的是，真正的原子早在古希腊人之前就已经分离出来了，尽管在很长一段时间里它们没有被视为元素。

早在7000年前，小亚细亚①和亚洲就开采了金矿和铜矿。铅是在大约5500年前通过熔炼矿物获得的，大约1000年后铅就变得非常普遍了。锡和铁是在波斯和安纳托利亚发现的，大约在3400年至3800年前就有了。

这5种金属，连同银和汞，构成了中世纪炼金术士的7种简单元素。

数字7并没有科学解释，它只是源自毕达哥拉斯学派的一种迷信。正如你知道的，有7个音符和7个已知的天体（太阳、月亮和5颗行星）。每个天体都与这7种金属元素之一有关。

---

① 在古代历史上，小亚细亚是指位于欧亚大陆交界处的一个古老地区，是一个拥有丰富历史文化的重要地区。此地区矿产资源丰富，主要有硼、铬、铜、铁、铝矾土及煤等。——编者注

不过，在这里，我得专门解释一下相关的专有名词。

意大利文 metallo（金属）一词来自希腊语。希腊语用这个词表示矿山，这表明这些元素主要是在挖掘中发现的。

意大利文 elemento（元素）中的 l、m、n 这 3 个字母，是意大利字母表中间部分连着的 3 个字母。同样，意大利文 abecedario（初级识字课本）来源于字母表中的前 4 个字母 a、b、c、d。

而意大利文 alchimia（炼金术）源自阿拉伯语和古希腊语，它的本意是"合金"，很清楚地表达了炼金的目的。事实上，炼金术士熔化了金属，希望将廉价的铅转化为贵重的黄金。

因此，正如占星师是天文学家的先驱一样，炼金术士是化学家的先驱。

炼金术士和占星师的做法既有某种先知性，又有误导他人的欺骗性。但是，尽管炼金术士们在摆弄炉子和金属时显得手忙脚乱，他们还是成功地分离出了许多元素。

关于炼金术的第一本著作是著名的《易经》。它的历史可以追溯到 3000 多年前，是中国四书五经中的五经之一，被认为是历代儒学弟子学习先哲的首要典籍。有意思的是，这部书仍然被炼金术的"现代"追随者阅读和查询。

显然，在《易经》中找不到任何与化学相关的内容。但是有一个有趣的记载，书中试图将 64 个虚构的元素组织成一个 8 行 8 列的表格，

形成 64 个卦象。这些卦象由六个爻组成，每个爻可以是连续的（代表阳）或断开的（代表阴），从而形成了所有可能的组合，共计 64 种。

有意思的是，在 19 世纪下半叶，化学家们发现了数量几乎相同的真正元素，确切地说，是 63 个。于是，他们开始寻找一种科学合理的方法来把它们排列起来。

最终，俄国人德米特里·门捷列夫[①]成功地做到了这一点。他很早就建立了一套卡片，将 63 种已知元素的名称和特性——写在每张卡片上。他尝试了各种方法来按照某种顺序排列它们。

① 俄国科学家，发现了化学元素周期律，依照当时已知的 63 种元素的相对原子量，制作出世界上第一张化学元素周期表，并预见了一些尚未发现的元素。门捷列夫（1834—1907）的名著《化学原理》是一本具有里程碑意义的科学著作，极大地推动了化学科学的发展。——编者注

1869 年的一个晚上，这位科学家把玩着卡片，居然在椅子上睡着了。在梦中，他看到卡片自己移动起来，并且按照正确的顺序排列了出来。他一醒来，就立即写下了我们今天所用的化学元素周期表[①] 的最初版本。

你肯定见过这个周期表，它出现在所有学校的化学教科书和化学实验室里。但是，你也许只把它当作一个无聊和抽象的东西。

可是，你有没有发现，它所包含的许多元素，都是你在日常生活中经常遇到的，或者，至少存在于你周围的世界中？

比如，氢（原子序数 1）和氦（原子序数 2）几乎占宇宙中所有物质的 100%，其他元素只是不足挂齿的一小部分。

电池中有锂（原子序数 3）；碳（原子序数 6）可以在铅笔芯、钻石和石油衍生物中找到；氮（原子序数 7）和氧（原子序数 8）存在于空气中；牙膏含有氟（原子序数 9）；霓虹灯中有氖（原子序数 10）；铝（原子序数 13）用来做易拉罐；计算机芯片中含有硅（原子序数 14）；火柴中有磷（原子序数 15）；氯（原子序数 17）在游泳池水中能够找到；香蕉含有钾（原子序数 19）……

如果这样列举下去，能一直说到铀（原子序数 92）和钚（原子序数 94），它们可以在 1945 年美国在日本广岛和长崎投下的原子弹中找到。

括号中的数字表示该元素在化学元素周期表中的原子序数，门捷列夫根据它们的相对原子量大小进行排列，只有少数一些例外。

不过，我们现在是根据每个元素的原子核电荷数从小到大排列的，

① 化学元素周期表是元素原子核电荷数从小到大排列的化学元素列表。化学元素周期表是一个非常重要的化学工具，它不仅帮助化学家理解和预测元素的性质，还对化学教育、研究和应用产生了深远的影响。——编者注

后面将告诉你关于它的更多信息。根据电荷数的排列会让你明白为什么周期表有 7 行 32 列。

> **当科学解释已知的事物时，科学会证明自己是正确的。但当科学预测尚不为人所知的事物时，它就更加证明了自己的正确性。**

　　门捷列夫立刻发现，当已知元素被排列好时，周期表上还留下了一些空白。他想，这些空白应该属于那些尚未发现的元素。

　　特别是 31 号元素，它于 1875 年被法国化学家布瓦博德朗发现了。因为他出生在法国，所以这个元素取名为镓①。

　　有些化学元素的名称和地理有关，例如钋②、镅③、锎④和锫⑤。元素的

---

① 19 世纪的法国化学家布瓦博德朗于 1875 年从锌矿中将镓制取出。镓是化学史上第一个先从理论预言，后在自然界中被发现并验证的化学元素。为了纪念自己的祖国，布瓦博德朗将它命名为"镓"（Gallium），意为法国的古称高卢（Gallio）。——编者注

② 钋由居里夫人与丈夫皮埃尔·居里在 1898 年发现，为了纪念居里夫人的祖国波兰，两人将这种元素命名为钋。——编者注

③ 镅于 1944 年被美国加州大学伯克利分校首先合成，故用美洲（America）一词命名这一新元素为 Americium。——编者注

④ 锎（Californium）是美国加州大学伯克利分校的几位物理学家于 1950 年人工合成的，因此该元素以加利福尼亚命名。——编者注

⑤ 锫（Berkelium）是位于美国加利福尼亚州伯克利的劳伦斯伯克利国家实验室于 1949 年发现的，因此该元素以伯克利命名。——编者注

命名也和天文学有关，比如硒①、铀②和钚③。有的元素的命名是为了纪念那些伟大的科学家，比如鎶④、钔⑤、锔⑥和锿⑦。还有一些元素的命名是为了纪念发现它们的地方，比如钇、铽、镱、铒，它们都是 1794 年至 1878 年之间，在瑞典伊特比村⑧的矿中发现的。

　　化学元素周期表上序数在 92 号之前的元素大多是稳定的。那些序数较高的元素具有较短的半衰期，因为它们会自然衰变。截至目前，人类已经发现了 118 种元素，但是化学元素周期表中的最后一个元素序号不可能超过 137，它被人们戏称为"Feynmanium"⑨。

　　从第 138 号元素开始，元素是无法存在的。一方面，原子核会从轨道上瓦解电子。另一方面，电子必须以超过光速的速度围绕原子核旋

---

① 瑞典化学家贝采利乌斯于 1817 年发现了硒（Selenium），并将它命名为"Selene"。该词在希腊神话中指的是月亮女神。——编者注

② 铀（Uranium）得名于天王星的名字"Uranus"。1789 年，M.H. 克拉普罗特首先从沥青铀矿中发现了"铀"，他用 1781 年新发现的一颗行星——天王星命名它为 Uranium。
　　　　　　　　　　　　　　　　　　　　　　　　　　　　　　　　——编者注

③ 钚（Plutonium）以冥王星（Pluto）命名。——编者注

④ 鎶（Copernicio）以哥白尼的姓氏命名。——编者注

⑤ 钔（Mendelevium）以门捷列夫的姓氏命名。——编者注

⑥ 锔（Curium）以居里夫妇（皮埃尔·居里和玛丽·居里）的姓氏命名。——编者注

⑦ 锿（Einsteinium）以爱因斯坦的姓氏命名。——编者注

⑧ 伊特比（瑞典文为 Ytterby）是瑞典东岸的一个村落，因在此地的矿场中发现了多种新的化学元素而闻名。钇、铽、镱、铒均以伊特比命名。——编者注

⑨ 美国物理学家、诺贝尔物理学奖得主理查德·费曼（1918—1988）认为，原子序数大于 137 时，中性原子不可能存在。也就是说，原子核电荷为 138 的化学元素不可能存在，因为 1S 电子的速度已经大于真空中的光速。由于费曼对 137 这个数很着迷，因此第 137 号元素有一个非官方的名字——Feynmanium。——编者注

转，但这是不可能的。

你想记住所有元素的名称吗？你可以尝试一种有趣的方式做到这一点。这就要归功于数学家兼音乐家汤姆·莱勒创作的歌曲《元素之歌》[①]了。

这首歌已被翻译或改编成多种语言，包括意大利语。世界各地的很多学生都在传唱。你也可以听一听，学一学，一定很有趣！

[①]《元素之歌》(*The Element Song*)是由哈佛大学数学教授汤姆·莱勒创作并演唱的一首化学知识歌曲，创作于 1959 年。这首歌曲以其轻快活泼的旋律和押韵的歌词著称，它包含了化学元素周期表中的绝大多数元素。通过将枯燥的化学知识转化为易于记忆的旋律，这首歌对于学习和背诵化学元素周期表非常有帮助。——编者注

拉蒙-卡哈尔开启理解大脑运作机制之门

（1888年）

如果让你用手指一下你的身体上产生思想、语言和情感的三个部位，你可能会不假思索地指向你的额头、嘴和前胸。这三个部位分别代表你的大脑、舌头和心脏。

如果你真的这样做了，那么就表明你也有着错误的理解。正是这种误解，使我们所有人都认为，一个人表现出来的问题，一定是某个器官起了某种作用的结果。

我们以情绪为例。史诗《伊利亚特》①将激情与跳动的心脏联系在一起，将愤怒与沸腾的血液联系在一起；而焦虑，与扭曲的内脏有关；痛苦，与窒息的肺部有关；恐惧，则与视力模糊相关。

在科学诞生之前，或在伪科学盛行期间，人们试图在人类肌体内部找到一个"指挥中心"。许多人认为，心脏起到了核心的作用。

比如，古埃及人相信每个人死后都要接受俄塞里斯②的审判。如果一个人的心脏比羽毛还轻，那么他就会被认为无罪。事实上，只有在这

---

① 史诗《伊利亚特》由盲诗人荷马所作，它描述的是特洛伊战争中的故事。——编者注
② 俄塞里斯是古埃及神话中的冥界之王，负责审判人死后能否获得永生。——编者注

种情况下，死者才能证明自己是无罪的。

人们总会说，坏人毫无良心，或者坏人有着铁石心肠，因为人们觉得情感是由心脏主管的，而爱情带来的痛苦会让那些可怜人撕心裂肺。

那么人体的中心器官到底是什么呢？古希腊人对此各持己见。医生希波克拉底[1]认为，大脑是中心器官，而哲学家亚里士多德则说，中心器官是心脏。

现在，这方面的争论已经转向如何确定一个人是否真正死亡了。在许多现代化国家，包括意大利，只要一个人的大脑不再运作，就可以宣布为法定死亡（脑死亡）。然而，要宣布临床死亡，则需要心脏停止跳动。

你可能听说过被宣告法定死亡的病人，他们的生命通过医疗手段人为地得到延续。从理论上讲，在这种情况下，法律遵循的是希波克拉底的观念，允许人们拔掉维持生命的呼吸机和插管等终止治疗。但在现实中，患者的亲属、医生或法官有时会坚持亚里士多德的观点，反对放弃治疗。

事实上，数千年以来，人们认为希波克拉底是对的，这一点毋庸置疑。

人体的控制中心肯定是在大脑里。

[1] 古希腊著名医生，西方医学奠基人。希波克拉底的医学理论和实践对后世医学的发展产生了深远的影响。希波克拉底的贡献之一是提出了"希波克拉底誓言"。这是一份有关医生职业道德的宣誓，强调了医生应遵循的道德准则，至今在全球医学界具有广泛的影响力。——编者注

然而，在 17 世纪，人们提出了另一个问题。思想、语言和情感显然是精神层面的，非物质层面的。那么，它们本身是单独存在的吗？还是它们都存在于身体内，受到大脑的控制？

笛卡儿认为，"心灵"与"肉体"是分开的。因此，他的哲学被称为"二元论"①。二元论认为心灵与物质构成了现实的两个不同方面，各自独立存在，谁也不能影响或决定另一方。

与之相对的哲学被称为"唯物主义"。唯物主义理论认为只有物质存在，心灵只是大脑活动的一个方面。

> **科学家通常是唯物主义者，因为他们理解物理世界的运作机制，特别是人脑的运作机制。**

相反，人文主义者通常是二元论者。他们认为心灵高于物质，这一点在文学作品和艺术作品中得到了最好的体现。不过，他们可能并不知道，这一点在科学作品和数学著作中同样得到了很好的表达，甚至更为出色。

然而，这些说法似乎只是无用的观点。但在 1848 年，发生了一件

① 二元论是主张世界有意识和物质两个独立本原的哲学学说。这种学说的典型形式是法国哲学家笛卡儿在 17 世纪提出的"心物二元论"。他认为意识和物质是两种完全不同的实体：一个是物质实体，另一个是精神实体，二者各自独立存在和发展，谁也不影响和决定谁。——编者注

足以撼动笛卡儿二元论的事情。

美国工人菲尼亚斯·盖奇遭遇了一场事故。一根铁棍刺穿了他的头骨，导致他受到严重的脑损伤。虽然盖奇侥幸活了下来，没有受到太大的身体伤害，但他遭受了很大的精神损伤，特别是他的性格和情绪反应完全改变了，仿佛变成了另一个人。

1861 年，一位名叫路易·勒博尔纳的先生去世了。许多年前，他突然失去了说话的能力。从那时起，除了"tan tan"这样的声音，他什么都说不出来。所以，人们给他起了个绰号"tan"。他去世后，法国医生保罗·布罗卡①对他进行了尸检，发现他的大脑中有一个区域有损伤，现在我们称这个区域为"布罗卡区"②。从那时起，人们逐渐发现，大脑中有数百个区域与各种各样的生理活动和心理活动有关。

特别是，人们详细地绘制出了许多大脑区域。例如，负责运动功能的区域；触觉、视觉、听觉、味觉和嗅觉的感觉区域；识别地点、形状、声音和人脸的区域；负责说话、阅读、写作、绘画和计算的区域。

在这些大脑区域中，有许多是所有哺乳动物共有的，但也有一些是人类或某些动物特有的。例如，一般而言，人类的嗅觉区域相较于其他动物并没有那么发达，而语言区域要比其他动物发达得多。

此外，对于同一动物物种，大脑都是相似的，但并不完全相同。每个个体都有独特的大脑。在社会性物种中，个体的大脑中有一部分是

① 法国外科医生、神经病理学家。保罗·布罗卡（1824—1880）因最早发现了大脑中负责语言的特定区域而闻名。后来这一区域以他的姓氏命名为"布罗卡区"。——编者注
② 布罗卡区，即运动性言语中枢。如果它出现问题，就会导致运动性失语症，症状为语言表达困难。——编者注

由遗传决定的，这是自然赋予的；还有一部分则受到个体经验和文化的影响。

这一切太有趣啦！脑科学家就像来到地球的外星探险家！

起初，这些"外星探险家"发现，地球上存在人类聚集的区域，比如国家、城市和乡镇，而且这些区域是由公路和轨道网络相互连接的。

后来，他们发现，在聚集区域内，有更小的活动区域，比如住宅区、商业区、办公区、校区和厂区，而这些区域也通过管道和线路网络彼此相连。

但更有趣的是，他们发现了这些网络是如何工作的，以及它们有何用途。有些网络允许个体在各个聚集区域之间移动，还有些网络提供食物、水、衣物和能源，特别是电力、天然气和汽油。

1888 年，一个名叫圣地亚哥·拉蒙–卡哈尔①的西班牙医生有了一个重大发现，开启了理解大脑运作机制之门。

从解剖学的角度，大脑的构造乍一看就像一张蜘蛛网。这张网由数百亿个形状极不规则的细胞组成，因为与神经相连，所以这些细胞被称为"神经元"。

----

① 西班牙神经组织学家。卡哈尔（1852—1934）对神经组织的研究贡献卓著，与卡米洛·戈尔吉共同获得 1906 年诺贝尔生理学或医学奖。——编者注

每个神经元的周围都分布着数以千计的极其细微的分支，这些分支称为"树突"，这个词源于希腊语中的"树"。

神经元及其分支是非常微小的结构，因此很难观察。卡哈尔专注于研究新生动物的大脑，因为它们的发育还不完全，更易于观察。

此外，神经元看起来像是聚集成一团且难以区分的块状物。卡哈尔决定用一种特殊的物质为它们染色，以便将其显形。这种染色方法是意大利医生卡米洛·戈尔吉①发明的。

很快，卡哈尔发现，神经元并不会形成一个单一的聚合体。相反，它们就像森林中的树木一样，彼此是分离的。

除了树突外，神经元还有"主干"和"末梢"——"主干"被称为"轴突"，"末梢"被称为"突触小体"。"突触小体"这个词源自希腊语中的"连接"。一个神经元的突触小体可以与其他神经元的树突相接触，形成突触。

大脑就像一座庞大且分层的神经元森林。它将外部世界与身体连接起来，通过感官接收外部信息，通过神经刺激产生反应，指导我们的行动。

卡哈尔明白了这片"森林"运作的三个基本方面，从而开启了今天

---

① 意大利神经解剖学家、神经组织学家和病理学家。戈尔吉（1843—1926）创立了铬酸盐-硝酸银染色方法，对研究中枢神经系统起到了巨大的推动作用。——编者注

的神经科学领域的研究。他发现的三个方面如下。

第一，每个神经元通过其树突接收电信号，通过其轴突传递这些信号。这些信号通过轴突末梢传递给其他神经元。所以，神经元实际上就是一个收发器。

第二，电信号在神经元的轴突中单向传播。它总是朝着同一个方向行进——信号沿着轴突到达轴突末梢，不可能逆向传导。

第三，每个神经元只和一些特定的神经元相连接，而不是与其他所有的神经元连接。所以，大脑中有一些"优先路径"，它们被称为"神经回路"。

这样一来，神经系统基于电脉冲运行这一事实就不奇怪了，这为人所知已有一个世纪了。确切地说，自从路易吉·加尔瓦尼[①]进行了著名的青蛙腿实验，并展示了电对神经的影响以来，人们就知道了这一点。

传说中，他的那些实验中最壮观的一幕是"青蛙之舞"——死去的青蛙被悬挂在露台的晾衣绳上，在雷雨天气，闪电释放出的电流让青蛙的腿部肌肉收缩，仿佛青蛙在跳舞一样。

真正的惊喜则是另外一个，那就是卡哈尔因在揭示神经元结构和功能方面所做的开创性工作而获得了 1906 年诺贝尔生理学或医学奖。与他一起获奖的还有戈尔吉，是他发明了一种神经元的染色法。

颁奖典礼向来是非常正式的，但那一次，竟然变成了获奖者之间激烈而尴尬的争辩。戈尔吉在发言中公开批评了卡哈尔的工作。直到 1926 年去世，他都没有接受卡哈尔的理论。

但是，卡哈尔是完全正确的。不过，这个谜题并没有全部解开，还有很多"拼图碎片"需要摆放到位。

第一块拼图碎片是埃德加·阿德里安和查尔斯·斯科特·谢灵顿发

---

① 意大利解剖学家、医生。在实验室解剖青蛙时，加尔瓦尼（1737—1798）观察到当手术刀碰到蛙腿上外露的神经时，蛙腿会抽搐。经过反复实验，他认为青蛙腿之所以在青蛙死后还会产生收缩现象，是因为青蛙体内的生物电起了作用。他把这种电叫作"动物电"。1791 年，他将长期以来对蛙腿痉挛现象的研究成果公之于众，引发了广泛的关注。他的研究推动了电学的发展，也为现代医学和生物学提供了宝贵的知识。——编者注

现的。① 他们发现神经元的行为各不相同：有些产生兴奋，有些产生抑制，但它们产生的都是同种类型的电信号。

因此，神经元传递的信息不取决于其产生的信号类型，而取决于放电频率，以及所涉及的大脑区域和神经类型。

补上第二块"拼图碎片"的，是亨利·哈利特·戴尔和奥托·勒维。② 他们发现神经元传递的信号有两种不同的类型：内部的电传导和外部的化学传导。

想象一下，一个神经元的轴突末梢"触碰"了另一个神经元的树突，电信号从第一个神经元传输到第二个神经元。但是这两个神经元之间并没有物理接触，也就是说，它们之间有一个使两者分开的空间。

传导的信号必须通过这个空间，但它并不是直接通过的，而是通过特定分子的化学交换间接地做到这一点的。这种分子有不同的类型，它们被称为"神经递质"。

说到这里，你肯定听说过其中的一种，那就是肾上腺素，它会导致心跳加速。每当你感到害怕或兴奋时，你就会产生这种化学物质。

凭借这些发现，阿德里安和谢灵顿获得了 1932 年诺贝尔生理学或医学奖，戴尔和勒维则获得了 1936 年诺贝尔生理学或医学奖。而以上

---

① 埃德加·阿德里安（1889—1977），英国电生理学家；查尔斯·斯科特·谢灵顿（1857—1952），英国科学家。二人因在神经功能方面的发现共同获得 1932 年诺贝尔生理学或医学奖。——编者注

② 亨利·哈利特·戴尔（1875—1968），英国药理学家和生理学家；奥托·勒维（1873—1961），美籍德裔药理学家。二人因发现了神经冲动的化学传递物质共同获得 1936 年诺贝尔生理学或医学奖。——编者注

这些只是神经科学研究的开端。

毫不夸张地说，迄今为止，已颁发的诺贝尔生理学或医学奖中，有大约三分之一是颁给神经科学研究者的！

自 2000 年以来，就有许多探索神经元机制的研究者获得了诺贝尔奖。2000 年，诺贝尔生理学或医学奖颁给了发现脑神经细胞间特殊的信号传递形式的科学家[①]；2004 年，颁给了两位研究嗅觉原理的科学家[②]；2014 年，颁给了发现构成大脑定位系统的细胞的科学家[③]；2017 年，颁给了发现"生物钟"（控制昼夜节律的分子机制）的科学家[④]；2021 年，颁给了发现温度和触觉感受器的科学家[⑤]。

[①] 2000 年，诺贝尔生理学或医学奖颁发给了瑞典科学家阿尔维德·卡尔松、美国生物医学家保罗·格林加德和美国神经科学家埃里克·坎德尔，以表彰他们三人在人类神经系统信号传导领域做出的突出贡献。——编者注

[②] 2004 年，诺贝尔生理学或医学奖颁发给了美国科学家理查德·阿克塞尔和琳达·巴克，以表彰他们在人体气味受体和嗅觉系统组织方式研究中做出的杰出贡献。——编者注

[③] 2014 年，诺贝尔生理学或医学奖颁发给了约翰·奥基夫、梅-布莱特·莫索尔和爱德华·莫索尔，他们因发现构成大脑定位系统的细胞获此殊荣。——编者注

[④] 2017 年，诺贝尔生理学或医学奖颁发给了美国科学家杰弗里·霍尔、迈克尔·罗斯巴什和迈克尔·扬，他们因发现了控制昼夜节律的分子机制获此殊荣。——编者注

[⑤] 2021 年，诺贝尔生理学或医学奖颁发给了美国生物化学家戴维·朱利叶斯和美国分子生物学家雅顿·帕塔普蒂安，以表彰他们在发现温度和触觉感受器方面做出的贡献。——编者注

现在，如果再让你思考自己的思想、语言和情感来自身体的哪三个部位，你知道该如何回答了吗？你得摸三次额头，因为答案就是你的大脑。

卡哈尔和他的后继者们教会了我们：人们所感受到的一切都源于大脑，包括我们感知到的来自外部世界的那些事物。实际上，我们所体验到的一切始终源于我们的大脑内部。

吕米埃兄弟的第一次影片放映

（1895年）

到现在为止，你在抖音、微信和微博上分享过多少照片和视频了？你又在各大视频平台上看过多少部电影和电视剧了呢？

但是，你有没有静下来想一想这些照片或视频背后隐藏了什么科学技术呢？此外，你想过没有，完成看似轻松简单的播放动作，所需的技术又是什么呢？

如果你以前从来没这么想过，那也没关系。从计算机到手机，新的技术设备变得越来越透明，这正是它们吸引人的地方。

就算你对这些知之甚少，也可以用已有的相关知识，有意识地深入了解它们。同时，你可以更好地理解和欣赏这个世界和你生活的时代。

有了这种意识后就会有不可思议的发现。你会发现，摄影和电影从表面上看，体现的是人工技术，但实际上也体现了一种自然现象。

例如，照相机和摄像机都是机械地复制了眼睛的工作原理。更具体地说，快门和眼睑相似，就像一扇可以开关的门，用来调节光线的进入。成像孔（光圈）就像瞳孔，起到"孔"的作用[1]，光线要通过它进

---

[1] 光圈就像镜头上一个可变大小的孔，通过自动或者手动调节可以改变光孔直径，从而控制进光量。——编者注

入。聚焦透镜就像晶状体，帮助清晰地呈现图像。光圈和眼球虹膜决定了进入的光线量，而胶片和视网膜负责记录所接收的图像。

　　像所有聚焦透镜一样，晶状体仅在视网膜的一小部分区域锐化图像，这个区域被称为中央凹[①]。

　　那么眼睛是如何聚焦在整个图像上的呢？眼球会在各个位置来回快速移动，每次移动，都会聚焦并记录图像的一部分，然后将这些部分组

[①] 中央凹的视锥细胞的密度很高，所以是视网膜中视觉最敏锐的区域。它是眼睛中负责中央视觉和精细视觉的关键区域。——编者注

合成一个整体。

但是，如果你试着将头朝不同方向快速移动，同时始终瞪大眼睛，你会感到非常眩晕。那么，为什么当眼球来回移动时，你不会感到眩晕呢？

原因是这样的：眼球会快速地在注视点之间移动，每次移动时，大脑都会抑制视觉。这一切都是在我们不知不觉之中发生的。我们意识不到这种运动，也意识不到这种抑制。

眼球进行的这些移动被称为"眼跳"。当眼球移动时，大脑持续地关闭和开启视觉，这个过程被称为"扫视抑制"[①]。

正是这种抑制，使得视觉实际上就像一系列快照的快速播放，而且每一张快照都是用特定的光圈（类似眼睛的瞳孔），在特定的曝光时间拍摄的。

因此，正如卢克莱修早已觉察到的，视觉是投射到大脑中的一系列图像[②]，梦境也是如此。还有电影和视频，无论是在电影院、电视上或计算机上，我们看到的只是一系列的静止图像。那么，为什么在你看来，一切都在运动呢？

这里涉及另一种生理机制，即闪光融合现象。你可以试着去看一盏

[①] 在眼睛进行扫视的过程中，大脑暂时抑制对视网膜上由于眼球运动产生的图像变化的感知，以保持视觉稳定性。——编者注

[②] 卢克莱修在其著作《物性论》中，强调了物质世界是由不可分割的原子构成的。他的一些观点可解释为：我们所感知到的世界，包括看到和想到的事物，都是这些原子运动的"投影"或表象。——编者注

闪光灯，如果它闪烁的频率超出闪光融合阈值①，你就会感觉它是在连续发光的。

在某种程度上，这种机制源于视网膜图像的持续性。简单来说，即使产生图像的刺激停止了，该图像在一段时间内仍然可见！

想理解这一点，你可以试着注视太阳或一个亮着的灯泡几秒钟，然后闭上眼睛。在黑暗中，你还会看到那个光源的残像②。

实际上，要想感知运动的效果，你需要每秒看到 20 幅左右的图像。你知道吗，电影院、电视和计算机，正是让你每秒钟看到了这么多幅图像。

但是，在短时间内拍摄大量高质量的图像并不容易。通常，一台传统的摄像机每秒只能拍摄 24 张，即帧率为每秒 24 帧。在胶片摄影中，每一帧图像在放映时会被投影两到三次，因此放映机会以每秒 48 帧或 72 帧的帧率呈现图像，以增强图像的清晰度，达到流畅连贯的动态效果。

这种技术自 20 世纪初开始，就被华特迪士尼公司应用了几十年。手绘的少量图像就足以制作一本连环画了，但要做一部动画电影，所需要的图像就多了很多。

如今，美国的皮克斯动画工作室将同样的想法应用于数字动画制作和计算机图形技术。你知道吗，它制作的产品从运动的角度来看，有多

① 闪光融合阈值是指，当一个光源以逐渐增加的频率进行闪烁时，达到观察者开始感知光线为稳定连续状态而非间断闪烁的最低频率点。换句话说，一旦光源的闪烁频率超出这一阈值，人眼将感受到光点的连续运动，而非一系列独立的闪烁点。——编者注
② 这种视觉生理现象被称为"后像"，即当刺激光消失以后仍然残留在视觉系统中的影像。——编者注

么逼真!

但是，到目前为止，你就没有任何疑惑吗？你难道不怀疑所见到的一系列运动可能只是一种错觉吗？

确实，真的有人这么怀疑过！比如，古代的哲学家巴门尼德[1]。

传闻，还有 20 世纪计算机之父之一康拉德·楚泽[2]。按他的说法，宇宙只是一台巨大的计算机，由无数相互连接的小方块组成，就像一个三维棋盘一样，而每个小方块都可以随时被点亮或熄灭。

比如，当你在高速公路行驶时，你是否注意到指示牌的灯光？尽管指示牌是静止的，但它们给人一种移动的印象，这是因为它们的灯光协调有序地轮流亮起和熄灭。

总而言之，从卢克莱修到楚泽，人类经历的是一条漫长的道路。要想实现现代照相机和摄像机的功能，需要许多步骤。第一个要解决的就

---

[1] 古希腊哲学家，被认为是西方哲学史上第一个提出"存在"概念的哲学家。巴门尼德的哲学思想对感官知觉的可靠性提出了质疑。他主张真实世界是不变的，我们感知到的变化和多样性只是假象，真正的实在是永恒不变的。——编者注

[2] 德国工程师、发明家，在计算机历史上具有重要地位。楚泽（1910—1995）提出了计算机程序控制的基础概念，1941 年制造出世界上第一台能够进行编程的计算机 Z3。他不仅在计算机硬件上做出了贡献，在编程计算机语言方面也有重要成就。——编者注

是暗房技术 ①，这是最古老的摄影技术。

我们不知道暗房的发现可以追溯到什么时候，但早在公元 1000 年左右，科学家阿尔海赛姆 ② 就已经知道了暗房，是他首先提出了视觉和摄影之间的相似之处。

我说的是"发现"，而不是"发明"，因为事实上，最初的暗房不过是一个字面意义上的暗室。

当你待在一个黑暗的房间里，墙上有一个可以进入光线的孔时，你相信吗，如果你足够幸运，且条件俱佳，你就会在光源对面的墙上看到一个颠倒的彩色图像，这就是从小孔投射过来的外面的景象。没错！图像是自动生成的，无需任何工具！

从达·芬奇到卡拉瓦乔 ③，许多画家都利用了这一点。他们在墙上挂了一张纸或一块画布，然后描摹出投射在上面的图像。

在某种意义上，这些作品可以算是最早的第一批照片。事实上，意大利语"fotografie"（照片）一词来源于希腊语，原始的意思正是"利用光线进行书写或绘制"。起初，这个过程很原始，但随着时间的推移，人们对其进行了各种改进。

---

① 暗房技术是指，在传统胶片摄影中用于冲洗和印制照片的一系列手工处理方法。
——编者注
② 科学家、思想家。阿尔海赛姆（965—1039）最著名的成就是在光学领域，其关于视觉、光线传播、折射和反射的实验和理论分析为后来的光学和摄影技术的发展提供了基础。——编者注
③ 意大利画家，巴洛克绘画风格的代表人物之一，其画风以强烈的戏剧性光影对比和生动的自然主义著称。——编者注

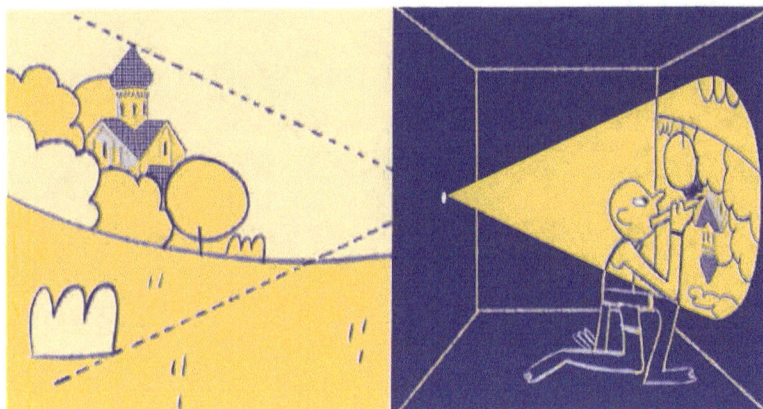

首先，在光线进入的小孔前放置了一块正透镜①，这可以将图像聚焦在墙上，得到更清晰的图像。

然后，又添加了第二个反转透镜。这个透镜的作用是将图像翻转，使其显示出正着的而不是颠倒着的样子。

最后，原本固定不动的暗房被一个简单的盒子所取代，这样就得到了一个可以随身携带的移动设备。

这种装有镜头的便携式小盒子依然被称为"暗房"（暗盒），虽然它不再是一个房间（camera②），而是一个盒子。

直到今天，在意大利语中，照相机仍然被称为 fotocamera。而在法语和英语中，它干脆被简称为"camera"。

你还记得前面所做的眼睛和照相机之间的类比吗？我前面讲过，相

① 正透镜是中间厚、周边薄的一种透镜，具有会聚光的能力。——编者注
② 在意大利语中，"camera"通常指房间。——译者注

机上将图像聚焦的聚焦透镜就好似眼睛中的晶状体。但是，我还没有告诉你，眼睛中哪个部位可以让图像翻转。

我没说，是因为我们的眼睛并没有这样的结构：图像实际上是以颠倒的方式到达视网膜的，是人的大脑习惯了以正确的方式看世界。

如果你不相信，可以戴上一副双凸透镜① 做成的眼镜。戴上它，你就能看到实际到达视网膜的图像是倒置的。但如果你要去散步，建议你最好找个伴儿，因为刚开始戴着那东西走路，你会很不适应。

类似的情况也发生在我们试图从镜子中抓取看到的物体时。但是，在这两种情况下，你会发现，过了一会儿，你的大脑就逐渐习惯了，也就不会觉得有什么问题了。

让我们回到"照相机"的问题上来。在意大利语中，照相机叫作"macchina fotografica"，这强调了这样一个基本事实：图像不再由人手工绘制，而是由机器（macchina）自动生成的。

迈出这最后一步的，是两个法国人。首先就是约瑟夫·涅普斯②，还有他的合作者路易·达盖尔③。

他们两人都使用了涂有感光材料的金属支架，并将它们放入了相机的暗盒中。

---

① 双凸透镜是一种具有两个凸面的透镜，它能够将光线聚焦到一个点上，通常用于成像和光束的处理。当物体位于双凸透镜的焦点之外时，通过透镜会看到倒立的实像。——编者注

② 法国发明家、摄影师。世界现存的最早照片是约瑟夫·涅普斯（1765—1833）于1826年拍摄的。1829年，他与路易·达盖尔（1787—1851）达成伙伴关系，共同研究摄影术。——编者注

③ 法国发明家、艺术家和化学家，摄影术的发明者。——编者注

　　1826 年，涅普斯进行了日光摄影法[1]的第一次尝试，即"日光的书写"。他使用了一种油性物质——一般是绘景人员和木工用来老化木材的一种物质。他拍下了那张著名的照片《窗外的风景》。

　　从 1839 年开始，达盖尔采用了银版摄影法，也被称为"达盖尔摄影法"[2]。他使用了一种结晶物质，这种东西一般被药剂师用作消毒剂，它会随着光线变暗。正如你所知，达盖尔的这一创新引发了全球的狂热追捧，其影响力一直延续至今。

　　很显然，早期的照片是黑白的，像涅普斯和达盖尔这样的先驱通过实验就能够处理它们了。然而，要继续研究彩色图像，首先需要了解颜色的本质和它们的工作原理。所以，我们需要像牛顿和麦克斯韦这样的理论家。

　　我已经跟你讲述过牛顿的故事。牛顿通过棱镜实验，成了第一个弄明白白光是由各种颜色的可见光混合起来的人，而黑色是没有任何可见光进入视觉范围的颜色。所以毫不奇怪，空旷的天空对宇航员来说就是黑色的。

　　你还记得我提到过的麦克斯韦的故事吗？正是他解释了颜色对应不同波长的电磁波。准确地说，这些电磁波的波长仅限于可见光的范围内，即波长范围在紫外线和红外线之间。

---

[1]　涅普斯把他这种用日光将影像永久记录在金属板上的摄影方法叫作"日光摄影法"。——编者注

[2]　达盖尔成功发明了一种新的摄影技术，其基本原理是利用镀有碘化银的铜板进行曝光，然后通过水银蒸汽和普通食盐溶液定影，形成永久性影像。——编者注

但是为什么我们只能看到某些电磁波，却看不到其他的呢？我们又如何区分颜色呢？

画家们早就知道，绘画只使用三种基本颜色：红色、黄色和蓝色①。所有其他颜色都可以通过混合这三种颜色获得——将其中任意两种混合，或直接将三种颜色混合。

1801 年，物理学家托马斯·杨②假设大自然的工作方式就像画家一样，在眼睛的视网膜这一"画布"上绘画。视网膜上必然存在三种不同类型的感受器，每种感受器对三种颜色中的一种敏感。

1849 年，麦克斯韦用红、黄和蓝三种颜色的光束进行了一系列实验。他试图以画家的方式将它们混合，但发现他永远无法得到白色的光。但是，如果使用红、绿、蓝三种颜色的光束，他就能得到白色的光。

于是，他明白了，光的基本颜色应该是红、绿和蓝，而不是画家所认为的红、黄和蓝。

麦克斯韦纠正了杨的观点，认为眼睛中一定有对这三种颜色敏感的感受器。这种感受器在一个世纪后的 1956 年才被发现，并因其形状而

---

① 严格来说，绘画三原色是品红、黄和青。——译者注
② 英国物理学家、英国医生，光的波动说的奠基人之一。托马斯·杨（1773—1829）提出色觉取决于眼睛里的三种不同的感光细胞，分别感觉红色、绿色和蓝色。

——编者注

得名视锥细胞[①]。

理论一旦成熟，麦克斯韦便于 1861 年 5 月 17 日进行了一次公开演讲。他投射了同一物体的三张单色图像，然后将它们相互叠加。

每张图像都是用红色、绿色和蓝色的滤镜拍摄的，每张图像都是用拍摄时使用的相同颜色的滤镜投影的。从三张单色图像的叠加中奇迹般地出现了物体的彩色图像！到现在为止，你应该明白为什么了。通过这个实验，麦克斯韦开启了彩色照片的时代。

1886 年，乔治·伊斯曼[②]发明了卷式感光胶卷，它立即被他自己创立的伊斯曼柯达公司用于冲洗照片。

而获取动态图像的步骤很简单，只需将许多照片一张接一张地黏合在一起。就这样，电影诞生了，它的英文名字 cinema 的原始意思就是"运动"或"动画"。

1895 年 12 月 28 日，吕米埃兄弟[③]第一次公开售票，向公众放映了历史上的第一批短片，总共有 10 部。

1896 年 1 月，按照计划，他们又播放了一部短片，名为《火车进站》。火车被拍摄时，正全速接近摄像机，而在观众看来，火车正朝着

---

① 视锥细胞是视网膜内的一种感受强光和颜色的视细胞，与视杆细胞一起负责人类的视觉感知。视锥细胞主要负责在明亮光线条件下提供彩色视觉和细节识别的能力。——编者注

② 美国发明家和企业家，伊斯曼柯达公司创始人。1886 年，乔治·伊斯曼（1854—1932）研制出卷式感光胶卷，使得摄影变得更加普及和方便。他的发明和商业成就对摄影和电影行业产生了深远的影响。——编者注

③ 奥古斯塔·吕米埃（1862—1954）和路易·吕米埃（1864—1948）是法国的一对兄弟，是电影和电影放映机的发明人。他们的发明不仅开启了电影这一艺术形式，也对娱乐产业和文化传播产生了深远的影响。——编者注

他们自己冲过来!

　　这种前所未有的逼真体验让观众异常激动。这种体验不仅决定了这部短片的成功,也预示了未来整个电影业的成功。人类,原本是主动的思考者,但从那以后,变成了被动的观影者。我们现在都属于这个物种,包括你和我。

普朗克开启量子时代

（1900年）

你有没有发现光与热之间有着密切的联系？举个例子，如果你站在阳光下，你就会觉得暖和，因为吸收来自太阳的光线会提高身体的温度。

反之，如果你打开一盏传统的白炽灯，它就会照亮所处的环境，因为灯丝温度的升高造成了光的发射。

然而，并非所有的物体都以相同的方式起反应。白色的物体会排斥它们接收的光或热，而黑色的物体则会吸收光或热。

这就是为什么在非洲的传教士多穿白色衣服（因为那里很热），而在寒冷的欧洲，牧师则穿黑色衣服。同样，在厨房里，盘子通常是白色的，以方便食物冷却，而烤箱则是黑色的，以帮助加热食物。

你甚至可以从烤炉中的颜色来推断出炉内温度。在厨房的烤箱中你看不到这一点，因为烤箱中的温度最高只能达到220摄氏度。但是在炼钢厂，当炼钢炉中的温度达到大约600摄氏度时，火色会变成红色；达到大约900摄氏度时，火色会呈橙色；达到大约1000摄氏度时，火色会呈黄色；而接近1300摄氏度时火色几乎变成白色。这就是人们常说的"白热化"。这是一个比喻的说法，形容一种炙热或激烈的状态。

现在你已经知道了，光是一种电磁现象。所以，如果我告诉你，物理学家试图用麦克斯韦方程组①来描述烤炉的这种现象，你不会觉得惊讶吧。

他们试图找到一个公式，将烤炉的温度与它所呈现的颜色精确地联系起来，进而与它所发出的光波的波长联系起来。

物理学家认为麦克斯韦方程组是 19 世纪物理学的伟大胜利。可以想象，当他们发现这些方程预测到了一些荒谬的事情时有多么惊讶。

事实上，按照麦克斯韦的理论，烤炉应该爆炸了才对。它本该发射出紫外线、X 射线和伽马射线等危害人类甚至致命的短波辐射。

这种情况被称为"紫外灾难"②。这种"灾难"可跟烤面包的面包师没有关系，他们从来没发现过任何难题。这个"灾难"影响的是物理学家，因为麦克斯韦方程组似乎存在着严重缺陷。

特别是，该理论预测正在加热的烤炉释放的能量一定是平均分配到所有可能的波长上的。但是可能的波长有无限多个，因此，烤炉释放出

① 麦克斯韦方程组是描述电磁场性质与运动规律的一组方程，是英国物理学家麦克斯韦（1831—1879）于 19 世纪建立的，它由 4 个方程组成。——编者注

② "紫外灾难"是科学家在探索黑体辐射能量分布规律时发现的。19 世纪末，黑体辐射问题是困扰物理学家的重大难题之一。——编者注

的能量也应该是无限的!

要想知道问题出在哪里,可以这样想:现在要用所有可能的纸币和硬币来支付 1000 欧元,但必须用同样面额的钱来组成 1000 欧元,那么会有多少种组合方式呢?

欧元货币系统中,纸币有 7 种面额,从 5 欧元到 500 欧元不等;硬币有 8 种面额,从 1 欧分到 2 欧元不等。因为总共有 15 种不同的面额,所以要想分别用这 15 种面额来支付 1000 欧元,总共需要支付的金额是 15000 欧元。也就是需要两张 500 欧元的纸币,或 5 张 200 欧元的纸币,或 10 张 100 欧元的纸币,等等。以此类推,直到需要 10 万枚 1 欧分的硬币。

但是,想象一下,如果存在无穷无尽的硬币面额会发生什么。比如,出现了千分之一欧元、万分之一欧元,等等。随着每一次细分,需要支付的金额就会再增加 1000 欧元。如果按照这样的逻辑,你不就破产了吗?

但对于"波"来说,确实有无限种长度!而且那些越来越小的波长超出了紫外线范围。正是这个问题导致了"破产",或者说这正是"紫外灾难"的由来。

1900 年 12 月 14 日,德国物理学家马克斯·普朗克找到了"烤炉问题"的解决方案。为了避免"破产",有必要像对待欧元那样对待能量:只需设想一个最小单位(面额)就行了,低于这个最小单位(面额)之下就再也不能细分。

那天早上,普朗克带着儿子散步,并对他说:"今天爸爸有了一个和牛顿一样伟大的发现。"然后,当天下午他就向柏林科学院报告了这个发现。

那一刻，量子论诞生了。量子（quantum）是普朗克给最小的能量单位起的名字。也就是说，它类似欧元的最小单位 1 欧分。

量子一词来自拉丁语"quantus"，这个词早就存在了。每当你询问某件东西要花多少钱时，会经常用到它。或者，当你询问任何可以量化的数量时，都可以使用这个词。也就是说，它可以表示可以用精确的数字来衡量的量。普朗克发现能量也是可以量化的。这就是物理学家爱用的说法"量子化"。

普朗克针对黑体辐射问题的解决方案是显而易见的。我之前讲过的德谟克利特、伊壁鸠鲁和卢克莱修，也都很容易找到这个方法。[1]

普朗克的新量子假说只是旧原子假说的现代形式。不过，他自己并不相信自己得出的理论就是旧原子假说的现代版。

事实上，普朗克并没有认真对待自己的这个想法，他认为它只是一个暂时的权宜之计，在有人找到最终解决方案之前还算是一个好理论。

而爱因斯坦认真对待了量子假说，并于 1905 年用它来解决光电效应问题。

这一次，是要解释金属板为什么在紫外线的照射下会释放电子的问题。再一次，麦克斯韦的理论没能给出正确的结果。

而爱因斯坦成功地解释了这种现象。他假设光表现为粒子流，这些粒子称为"光子"（photon)，即"光粒子"。这个词来自古希腊语中的

----

[1] 德谟克利特、伊壁鸠鲁和卢克莱修的原子论思想对量子论的发展产生了间接影响。这种思想认为宇宙由不可分割的原子组成。尽管他们的理论与现代量子论不同，但是他们关于物质由最基本的单元构成的观点，在哲学史和科学史上具有深远的影响。——编者注

"光"（phōs）一词。他假设每个光子携带一个能量量子。

爱因斯坦的解释在很多年里都没有人相信，就连提出量子概念的普朗克也不相信！要知道，在这种否认中，除了对原子论的排斥之外，还有另一个原因。

是这样的，一个多世纪以来，人们都知道光具有波动性，这是托马斯·杨发现的，我之前在谈到颜色时提到过他。

1801 年，杨进行了一项实验，他让光线先穿过一条狭缝，然后再穿过两条狭缝。他发现当光线通过这两条狭缝时，会产生干涉现象，类似水波的干涉条纹。[①] 但是现在，爱因斯坦说光是一堆粒子，而不是波！那谁是对的？爱因斯坦是对的吗？还是站在他对立面的其他人是对的？注意了，结果会让你大吃一惊。

1909 年，爱因斯坦提出了一个荒谬的所罗门式解决方案 [②]：他称所有人都是对的。他是对的，因为光就是一种波，而其他人也是对的，因为光也是一种粒子。或者更确切地说：

光有时表现为波，有时表现为粒子，这取决于不同的情况。

---

① 杨氏双缝干涉实验对波动光学的建立做出了伟大贡献，而其应用于电子干涉实验的成功则有力地证实了实物粒子的波粒二象性，揭示了微观世界的量子本性，开创了量子理论的新纪元。——编者注

② 所罗门是《圣经》中的一位重要人物，具有非凡的智慧，特别擅长给别人提建议，很好地解答别人的疑惑、解决别人的问题。"所罗门式解决方案"指的是一种能够在看似无解或矛盾的情况下找到合理解决办法的方法。——编者注

1924 年，法国贵族后代路易·德布罗意①甚至更进一步。他认为，在微观世界中，一切都具有双重性质。也就是说，所有的物质既是波，也是粒子。换句话说，光线不只是波，也是粒子。而电子也一样，不只是粒子，也是波！

到目前为止，我只是在文章中顺带着提到了电子，但现在是时候更仔细地探讨它了。

电子是由一位名叫约瑟夫·汤姆孙②的先生于 1897 年发现的，他研究的是，当电流通过一个真空玻璃管时会发生什么。

1838 年，迈克尔·法拉第（本书的前面部分提到过他）将这种管子的两端连接到一个电池上。他发现会产生发光的电弧，而且这道电弧从管子的一端延伸到了另一端。

20 世纪的电视和计算机的显示器普遍采用了阴极射线管（CRT）这种技术。CRT 技术就是利用电子束来激发屏幕上的荧光物质发光，从而绘制出图像的。

汤姆孙发现法拉第所发现的电弧是带负电的，并将它们称为"电子"。

当我们今天谈论汤姆孙发现的电子时，我们将电子称为是带负电的基本粒子，就像爱因斯坦所描述的光子是光的粒子一样。而普朗克提出的是能量量子的概念。汤姆孙通过实验发现，光弧中的电子来自玻璃管

---

① 法国物理学家，物质波理论的创立者，量子力学的奠基人之一。路易·德布罗意（1892—1987）在波粒二象性和原子理论方面进行了深入研究。——编者注

② 英国著名物理学家。约瑟夫·汤姆孙（1856—1940）在真空管阴极射线实验中证明了电子的存在，轰动了物理学界。——编者注

内的气体原子。于是，他推断电子一定是原子本身的组成部分。他还猜测它一定还有带正电的成分，因为原子是电中性的。

1904 年，汤姆孙提出了一个"葡萄干布丁原子模型"①。在他这个与美食有关的比喻中，正电荷分散在"意大利面团"中，而负电荷则集中在"葡萄干"。

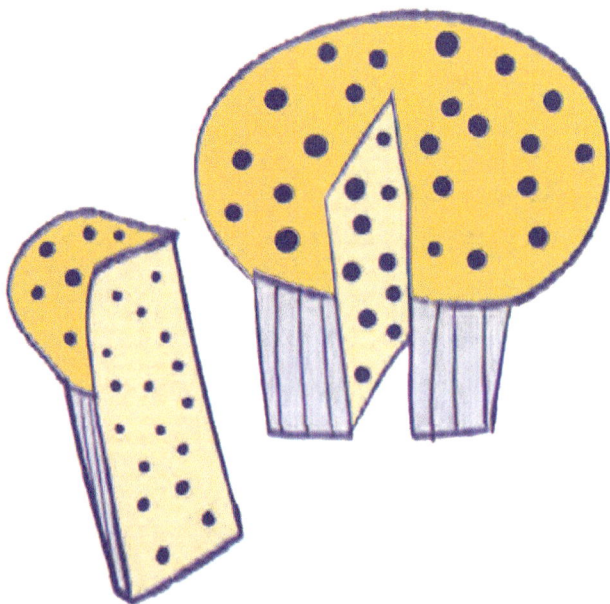

① 汤姆孙假想想出一种原子模型：原子是一个实心球体，充斥着正电荷，电子则均匀分布在球体中，就像一块镶嵌着葡萄干的甜点，所以汤姆孙对原子结构的假设被称作"葡萄干布丁原子模型"。——编者注

不过，这个原子模型的"寿命"不长。1911 年，汤姆孙的一位新西兰学生欧内斯特·卢瑟福[1]证明了原子的正电荷集中在其中心，即原子核当中。

卢瑟福用微小的粒子轰击金箔，他发现大多数粒子通常会穿过箔片，只有很少一部分粒子会反弹回来，于是他推断原子大部分是空的。

卢瑟福随后提出了原子结构的"行星模型"[2]。在他这个与天文相关的比喻中，正电荷集中在原子核，负电荷分布在电子中，电子就像行星围绕太阳运行一样围绕原子核旋转。

卢瑟福最终明白了，原子核是由带正电荷的粒子组成的，正电荷的数量等于围绕它旋转的电子数量。他称带正电荷的粒子为"质子"，意思为"原始元素"。

在卢瑟福的原子理论中，负电子根据库仑定律围绕原子核旋转。同样，根据牛顿定律，行星围绕着太阳旋转。

但在 1913 年，汤姆孙的另一位学生丹麦人尼尔斯·玻尔[3]发现两者有很大的不同。由原子核产生的电磁场会产生电阻，阻碍电子的运动。

你可能还记得钟摆的运动会因空气的阻力而减慢，最终停下来。同样，电磁场的电阻也会减慢电子的运动，最终导致它们落入原子核。如果类似的事情发生在引力场上，那么行星迟早会坠入太阳！

---

[1] 英国物理学家。欧内斯特·卢瑟福（1871—1937）提出有核的原子结构模型，开创了原子核物理学的新领域。——编者注

[2] 1911 年，卢瑟福基于他的实验提出了原子行星模型。——编者注

[3] 丹麦物理学家，原子物理学奠基人。尼尔斯·玻尔（1885—1962）创立了近代量子物理学，对 20 世纪物理学的发展有深远的影响。——编者注

换句话说，在卢瑟福的模型中，原子是不稳定的，很快就会分崩离析。但是，如果原子都不稳定，世界上就不可能存在任何永恒的东西了！

玻尔意识到，这个问题也可以用量子理论来解决。只需要假设运动轨道的半径也被量子化了。也就是说，电子就像火车，只能在围绕原子核排列的特定轨道上运行，而不能在周围的空间中自由移动。

根据玻尔的说法，电子只能从一个轨道跳到另一个轨道。它们可以朝内部或外部两个方向跳跃。但是，它们不能超越最接近原子核的轨道。

通过玻尔的这些修改，这个原子行星模型起作用了。同时，它也帮助人们理解了门捷列夫发现的化学元素周期表的构成原理。

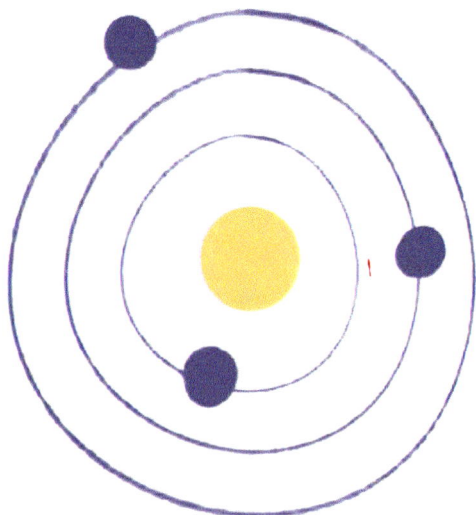

实际上，原子的电子以壳层的形式分布在原子核周围，这种结构就像洋葱的层层包裹。它们的排列方式决定了该原子在化学元素周期表中的位置。更确切地说，壳层的数量对应化学元素周期表的横行（共 7 行），而最外层的电子数量对应化学元素周期表的纵列（共 32 列），以及元素的化学性质。

历史性的一刻到来了：1924 年，前文提到的德布罗意提出了建议，即电子不仅具有粒子性，还具有波动性[1]。

---

[1] 1924 年，德布罗意提出物质波假说，认为和光一样，一切物质都具有波粒二象性。

——编者注

1926 年，薛定谔 ① 提出了描述电子围绕原子核波动运动的薛定谔方程。从这个方程可以推导出玻尔的原子模型和化学元素周期表。

1927 年，约瑟夫·汤姆孙的儿子乔治·汤姆孙 ② 证实，当电子穿过两条狭缝时，它们确实会表现出波动性。

他们每个人都满怀欣喜地获得了诺贝尔奖——约瑟夫·汤姆孙在 1906 年获奖，卢瑟福在 1908 年获奖，普朗克在 1918 年获奖，爱因斯坦在 1921 年获奖，玻尔在 1922 年获奖，德布罗意在 1929 年获奖，薛定谔在 1933 年获奖，还有乔治·汤姆孙在 1937 年获奖。③

① 奥地利物理学家，波动力学创始人。1926 年，在爱因斯坦关于单原子理想气体的量子理论和德布罗意的物质波假说的启发下，薛定谔（1887—1961）借助光学和力学的相似性，提出了对应于波动光学的波动力学方程，后称"薛定谔方程"，奠定了波动力学的基础。——编者注
② 英国物理学家，在电子的衍射研究上做出了重大贡献。乔治·汤姆孙（1892—1975）根据实验结果证实了电子具有波动性。——编者注
③ 除了卢瑟福获得的是诺贝尔化学奖，其他人获得的是诺贝尔物理学奖。——编者注

爱因斯坦颠覆时空观
（1905—1915年）

你是不是觉得自己太年轻，不可能像天才那样拥有可以改变生活，甚至改变整个科学史的灵感？

阿尔伯特·爱因斯坦的经历应该可以让你相信你能做到。在他只有16岁时，就幸运地拥有了改变他一生的想法，而这个想法就是他的伟大成就背后的推手。

但别担心，那个想法并不是早慧天才想出来的深奥公式，它只是一个好奇少年的天真幻想。

很简单，那是在1895年，年轻的爱因斯坦想象着自己骑在一束光上，他很想知道从这个颇为有利的位置看世界会是怎样的。

当时他正在读高中。在科学课上，老师解释说，光是一种电磁波，它总是以不变的极高速度移动。

爱因斯坦发现，任何人如果附着在一束光上，都会看到光是静止的，就像乘客看到自己乘坐的汽车是静止的一样，这是显而易见的。

不太明显的是，附着在光束上的人会以不同于其他人（不在光束上的人）的视角看到光。确实，对于这个人来说，麦克斯韦方程组失效了，这可不是什么好事。

这对年轻的爱因斯坦来说似乎说不过去。在他看来，无论移动的方式和速度如何，物理定律应该对所有事物始终有效，这难道不是理所当然的吗？

1905 年，已经 26 岁的爱因斯坦将这一原则作为他的相对论 ① 的基础，终于成功地解决了他少年时期的幻想所包含的问题。

他的解决办法要求他重新审视空间和时间的一般概念。但空间和时间这两个词充满了陷阱，尤其是后者。

所以，我建议我们先来谈谈时间——不是像电视上播报的和天气有关的时间，而是时间本身。

你是如何定义时间的呢？可能跟爱因斯坦不一样。对他来说，时间其实就是用钟表测量的东西。

"orologio"（钟表）一词源自古希腊语，意思是"读取或计算时间"。但这是以你已经知道什么是时间为前提的，而钟表只是用来测量它。

爱因斯坦的想法恰恰与此相反。正如我所说，对他来说，时间是用钟表测量的东西。因此，时间取决于你用哪个钟表来测量它。但这里有一个问题，可供选择的钟表有很多。因此，对时间的定义可能多种多样。

举个例子，你还记得伽利略是如何测量比萨大教堂的吊灯摆动周期

---

① 相对论是由爱因斯坦创立的关于时空和引力的物理学理论。相对论建立的"同时的相对性""四维时空""弯曲时空"等全新的时空观是人类在认识物理现象方面的一个飞跃。局限于惯性参考系的理论称为"狭义相对论"，推广到一般参考系和包括引力场在内的理论称为"广义相对论"。——编者注

的吗？他数了自己的脉搏跳动次数。也就是说，他用自己的心跳当作了"钟表"。

那么，既然每个人都拥有自己的心跳，那么我们用心跳作为时钟时会发生什么呢？结果是，我们每个人都有自己独有的时间概念，不会有一个共同的时间概念。

但还不止于此。现在我们知道，除了心脏，我们体内还有许多生物钟在运行。因此，我们每个人都有若干个时间概念，绝对不是只有一个。

你有自己的日常生活节奏，能够调节自己的生活周期。比如，身体里的生物钟会告诉你何时该醒来，何时去洗手间，何时吃饭、睡觉，等等。

这些节奏中的每一环都由专属于自己的生物钟所控制，而所有的生物钟都由激素驱动，由特定的大脑回路控制，并受到日光的调节。

"昼夜节律"[①]这个词说明，通常情况下，人体内的这些生物钟相互协调、一起运转，以大约 24 小时的周期，维持我们的生理节律和行为节律。

但是，你知道的，有很多方法可以打乱这种节律。比如，如果你在

①　昼夜节律，也叫作"生物钟"，是几乎所有生物都拥有的内在机制，它帮助生物体在约 24 小时的周期内调节其行为和生理功能以适应环境的昼夜变化。——编者注

酒吧通宵达旦，会发生什么？如果你喝醉了呢？你很清楚，你的生活会变得混乱。平衡的节律就像一件易碎的商品，本来被很好地"包装"着。但是，如果你拆掉"包装"，你就会马上失去节奏，且失去节奏的持续时间或长或短。

如果你进行长途旅行，去时区不同的地方会发生什么呢？你会发现自己处于时差状态，产生时差反应。你不仅需要重新设定手表，或手机里的时间，还需要调整自己的生物钟。

或许，你有些疑问：不同的个人时间和主观时间真的那么重要吗？还是只有集体时间和客观时间重要？

很遗憾，即使从客观角度，也不止一个时间——有多种选项供你选择。最明显的是由天文现象决定的选项，特别是由地球、月亮和太阳的运动所决定的时间。

作为第一个时钟，它是根据地球的自转来确定时间的。这样你就获得了基于恒星日①的时间，它是由地球的一次完整自转决定的。一天通常有24小时，每小时有60分钟，每分钟有60秒。

顺便说一句，你有没有想过为什么会是这些奇怪的数字？在十进制

---

① 恒星日是地球自转周期的一种度量方式，它以遥远的恒星作为参考点来观测地球自转的周期，也叫作地球自转的恒星周期。简单地说，恒星日就是地球自转周期，大约为23小时56分4秒。——编者注

系统中，将一天分成 10 小时或 20 小时，然后每小时分成 100 分钟，每分钟按 100 秒计算不是更自然吗？

事实上，我们仍然在使用古老的六十进制系统，这是古代亚述人和巴比伦人使用的。它的基数是 60，而不是 10。

12 能被 60 整除的事实，让我们有了使用"打"（一打为 12）的习惯。例如，鸡蛋和瓶装矿泉水通常是按打卖的，餐具套装中的碗盘也是。时间也是如此：24 小时是"两打"，"每个"完整的一天包括"一打白天"和"一打夜晚"。

似乎六十进制的采用源于 60 能被 360 整除的事实，而 360 正是地球公转周期[①] 的近似值。

而第二个时钟，可以采用地球公转周期来确定时间。这样你就可以获得基于太阳年[②] 的时间，这个时间是由地球的一次完整的公转决定的。但是很遗憾，一年并不是由整数天组成的，而是大约 365.2425 天。

如你所见，地球和太阳这两个时钟的时间完全不同。基于日和年的时间无法很好地协调在一起，这使得定义日历变得很困难。

在现行的日历中，一年由 365 天组成，每 4 年中有一年是闰年，闰年会多出一天，相当于平均每年有 365.25 天。每 100 年会少一个闰年，相当于平均每年有 365.24 天。每 400 年又会增加一个闰年，平均每年有 365.2425 天。

---

① 地球绕太阳公转一周所需要的时间，也就是地球公转周期。——编者注

② 太阳年，是以太阳为参照物，地球围绕太阳旋转一周所需要的时间（太阳中心自西向东沿黄道从一个春分点到下一个春分点所经历的时间）。它是为了区分以遥远不动的恒星为参照物的"恒星年"而提出的概念。——编者注

这就是为什么 1600 年是闰年，1700 年、1800 年和 1900 年却不是。2000 年是闰年，而 2100 年又不是了。你要记住这一点哟，因为你能活到那个时候！

而第二个钟表，可以计算月球绕地球公转的时间。这样你可以获得基于阴历的时间，它是由月球的一次完整的公转决定的。

但是，基于月的时间与基于日和年的时间不同步。例如，阴历的一个月大约是 29.53 天，而阳历的一年大约是阴历的 12.37 个月。

在古代，人们使用的是阴历，而不是后来的阳历。确实，月球的运动比太阳的运动更明显，也更容易观测。

现在，已经不再使用阴历了，但许多宗教还会用到。例如，犹太教的逾越节和基督教的复活节。

这些纪念日每年会落在不同的日子。你现在知道原因了吧，那是因为阴历和阳历之间存在差异。

经过这番论述后，你就不会对我将要告诉你的事情感到太惊讶了。这是爱因斯坦最伟大的发现。我们常用的时钟，比如戴在手腕上的手表或手机上的时钟，存在着差异，就像生物钟和天文钟一样。

爱因斯坦在 1905 年首次发现了普通时钟之间的差异。这是他著名的狭义相对论的一个成果，这一理论基于光速恒定的前提。

在理论上，1865 年，麦克斯韦方程组预测了光速是恒定的，并推导出了光速的数值——光速在真空中大约为每秒 30 万千米。

1887 年，阿尔贝特·亚伯拉罕·迈克耳孙和爱德华·威廉斯·莫雷进行的一项著名实验证实了光速确实是恒定的。①这个实验使得迈克耳孙获得了 1907 年诺贝尔物理学奖。

现在，试着想象你在一列直线行驶的火车上，火车以恒定的速度前进。也就是说，火车既不加速也不减速。

你打开手电筒的一瞬间，看着你的手表，用它来测量光线到达火车车厢的天花板所需的时间。

然后，你想象此刻你的一位朋友，正站在车站月台上。就在你做实验的时候，你的朋友看到你乘火车经过。他也有一块和你一样的手表，也测量了那条光线到达车厢的天花板所需的时间。

从你的角度来看，光线是垂直上升的。然而，从你的朋友的角度来看，光线是倾斜上升的。事实上，光线的垂直运动与火车的水平运动结合在一起了，使得光线的轨迹对于外部观察者而言显得倾斜。火车的速度越快，光线的轨迹就显得越倾斜。

由于光速是恒定不变的，因此，你和你的朋友都会计算出光线传播的距离与你们各自测量的时间之间的比率。

但对你而言，光线传播的距离更短，而对你的朋友来说则更长。这意味着，你测量的光线到达天花板的时间较短，而你的朋友测量出的时间较长。

---

① 这项著名的物理实验被称为"迈克耳孙－莫雷实验"。实验结果表明，光速在不同惯性系和不同方向上都是恒定的，没有检测到预期的变化。这个结果与以太理论相矛盾，并为后来爱因斯坦提出的狭义相对论奠定了基础。——编者注

理论上，你们的手表是一样的。但实际上，匀速行进的火车导致你的手表相对于朋友的手表走得更慢了。火车的速度越快，你的手表走得就越慢。

这尤其消除了与年轻时期的爱因斯坦有关的一个悖论：你不能骑在光束上，否则你的时间就会静止不动。

但成年后的爱因斯坦得出了更重要的结论。那就是空间和时间并没有绝对的意义！

只有空间和时间的组合才具有绝对的意义。爱因斯坦称其为"时空"①，从而完成了另一个伟大的"统一"，延续了毕达哥拉斯、阿基米德、牛顿和麦克斯韦的风格。

这就是相对论这一名称的由来。事实上，空间和时间是分开考虑的，它们是相对于测量它们的人而言的。

相对于站在月台上静止不动的朋友，你测量的光线长度更短，时间更慢。换句话说，速度会导致长度的缩短和时间的膨胀。

特别是当你移动时，你的空间和时间会发生变化。至于变化多少，取决于你的速度与光速的比率。

然而，真空中的光速极快，大约每秒 30 万千米。在真空中，光从地球到月球只需一秒多的时间，从太阳到地球只需八分多钟。

因为你的速度很慢，所以这个比率微不足道，你几乎察觉不到任何差异。但对于高速粒子来说，这个比率非常重要，且效应显著！

1915 年，36 岁的爱因斯坦完成了他的工作。他在广义相对论中描述了加速度对空间和时间的影响，特别是引力加速度的影响。

光会受到引力的影响吗？爱因斯坦的新理论给出了答案，而且是肯定的。

不仅如此，爱因斯坦考虑了直线传播的光线，并计算出当它经过太阳这个巨大质量时它会偏离多少。1919 年，一个著名的实验验证了爱因斯坦的预测，并证实了他的理论。

现在，请注意。两点之间的最短距离是直线，如果光的路径在经过太阳附近时弯曲，那么光就会走更长的距离，所以，它通过这段路程需

---

① "时空"是爱因斯坦在相对论中提出的一个概念，它将空间和时间统一起来，形成一个四维的连续体。——编者注

要的时间更长。

当光或任何物体接近大质量时，对它们来说，它们所在的空间会发生弯曲，时间就会流逝得更慢（时间膨胀）。就如同你的手表在海边走得比在山上慢！①

对于远离地球的卫星时钟，这种效应很显著。你手机上的 GPS 连接的就是这样的卫星，你可以使用 GPS 导航系统为你带路。如果 GPS 没有考虑时间的收缩，它就会计算错误，让你"误入歧途"！②

你应该能够理解，时间膨胀效应③也与产生它的物体的质量成正比。例如，宇宙中的宇航员的时钟在接近地球这样的行星时会减慢得很少，而接近太阳这样的恒星会减慢得很多。当接近电影《星际穿越》中的卡

① 在更强的重力场中（例如海平面上，因为地球的质量使得那里的重力更强），时间流逝得更慢。因此，在海边的时钟与在山上（重力较弱的地方）的时钟相比，前者走得更慢。也就是说，地球上不同高度位置的重力差异会造成细微的时间膨胀效应，但这种细微的差别很难被捕捉到。——编者注
② GPS 导航系统主要依赖高精度的时间同步来提供定位服务。GPS 卫星同步时钟是一个高精度的时间同步系统，依赖于 GPS 卫星上的原子钟和地面控制系统来提供精确的时间信息。如果 GPS 卫星同步时钟出现偏差，会导致定位不准确。——编者注
③ 时间膨胀是相对论物理学中的一个概念，指的是由于质量和能量引起的引力场或速度引起的时空弯曲而导致的时间流逝速度的变化。根据爱因斯坦的广义相对论，时间膨胀是时空曲率的一种结果，它使得在不同位置或以不同速度移动的观察者经历时间的流逝速度不同。——编者注

冈图雅黑洞那样的黑洞时，可能会减慢得更多。

我建议你看看这部电影，它是根据一位诺贝尔物理学奖获得者的黑洞理论改编的①。电影中令人惊叹的特效让它赢得了奥斯卡金像奖。电影中的画面会帮助你很好地了解黑洞附近的时间和空间会发生什么。

---

① 《星际穿越》是根据物理学家基普·索恩（1940—　）的黑洞理论的合理演化改编的。2017 年，基普·索恩获得诺贝尔物理学奖。——编者注

图灵创立计算机科学理论

（1936年）

你觉得是谁发明了计算机？我敢打赌，就算你有什么疑问，也是在微软公司创始人比尔·盖茨和苹果公司创始人史蒂夫·乔布斯之间犹豫不决。

很抱歉，让你失望了，他们二人可不是发明家，也不是研究中心的负责人。他们是商人和工业领袖，依靠他人的想法创造了自己的财富。

此外，同样的事情也发生在其他领域。例如，说起是谁发明了汽车，你是不是想起了亨利·福特[①]和乔瓦尼·阿涅利[②]？说起电视和电影，你是否会想起鲁伯特·默多克[③]和西尔维奥·贝卢斯科尼[④]？

[①] 美国汽车工程师与企业家，福特汽车公司的创立者。亨利·福特（1863—1947）引入的流水线生产方式提高了生产效率，降低了成本，使汽车成为一种大众产品。他在汽车产业中的创新对汽车生产方式、现代社会和文化产生了深远的影响。——编者注

[②] 意大利企业家，汽车品牌菲亚特的创始人。在乔瓦尼·阿涅利（1866—1945）的领导下，菲亚特集团推崇创新和技术，成了意大利乃至世界汽车工业的重要力量。——编者注

[③] 美国新闻和媒体经营者，世界报业大亨。——编者注

[④] 意大利政治家和知名企业家，曾任意大利总理。西尔维奥·贝卢斯科尼（1936—2023）的一生横跨商界、政界、体育界和娱乐界。他是Mediaset集团的创始人和所有者，该集团是意大利重要的电视和媒体公司。——编者注

世界就是这样，当我们想寻求答案时，我们必须从遥远的时代开始。计算机的诞生的的确确是一件喜事，漫长的酝酿期因它的诞生而结出硕果。这是两位截然不同的"先驱"合作的成果。

一方面，它包含数学逻辑，追求将诗意和梦境加入数学的思维规律；另一方面，它还包含机械工程，力求达成一个建造计算机器的乏味目标。

谈到"诗意"，我们可以从古希腊诗歌说起。这不仅体现在荷马的史诗中，也体现在亚里士多德的著作中。

亚里士多德的思想被收录在《工具论》①一书中。这本书的标题"L'Organo"并不应理解为今天常见的生理学或音乐方面的含义，而应理解为"工具"之意。②

你可能注意到，在前面的章节中，我对亚里士多德似乎有些不敬。但我对他并无偏见，而是对他的那些狂热追随者有些看法。

对他的追随者来说，只要是亚里士多德说过的话就是真理。他们不会独立思考，也不会去检验他们所追随的大师是对还是错。他们只知道"他是这么说的"就心满意足了。

---

① 《工具论》是逻辑学的奠基之作，它主要论述了演绎法和逻辑学原理，为形式逻辑的发展奠定了坚实的基础，其思想对现代逻辑学和哲学的发展具有深远的影响。——编者注
② 在意大利语中，organo 意为器官或风琴。这个词源自拉丁语，意为工具、手段。
——译者注

　　亚里士多德比他的追随者可强多了。他之所以受到如此尊敬，是因为他通常都是对的！特别是当他分析三段论的逻辑规则时。

　　三段论法 ① 的推理过程是这样的："所有人都会死，苏格拉底是人，因此苏格拉底会死。"或者是这样的："所有人都会死，苏格拉底会死，因此苏格拉底是人。"

　　如果仔细想一想，你会马上发现第一个推论是正确的。事实上，他的第一句话适用于所有人。所以，它适用于特定的一个人——苏格拉底。

　　但第二个推论是错误的。并不是错在"苏格拉底是人"，而是错在"因为苏格拉底会死，所以他是人"这样的因果关系上。否则，按照同样的道理，猴子也是人，因为它也会死。

　　亚里士多德分析了所有可能的三段论。他通过"所有""某些""没有"和"不是全部"等词来表示对相关论点的肯定和否定。

　　他发现有 256 种三段论。但是，只有 24 种是有效的，就像前面举的第一个例子。其他 232 种都是错误的，就像前面举的第二个例子。

我觉得就算不向你介绍 256 种三段论，你也不会介意，对吧。我也不会要求你判断每个推论是对还是错。但如果你是一名中世纪的学生，这些可是你在学校里必须学的！

---

① 三段论法是西方逻辑的推理式，逻辑演算的一种。一个标准的三段论由大前提、小前提、结论三部分组成。——编者注

如果是这样，你就会明白，亚里士多德的追随者们信任亚里士多德是有充分理由的。因为他避免了人们重新推理的麻烦，他自己已经推导出了所有可能性！

中世纪之后，情况发生了变化。有人认为用一点初等数学的知识可能有助于解决这类逻辑问题。

那个人就是来自德国的戈特弗里德·莱布尼茨。我之前谈到牛顿的数学发现时提过他的名字。事实上，在这些发现当中，莱布尼茨也独立取得了许多与牛顿相同的数学成果。

关于三段论，莱布尼茨在 1686 年就有了使用圆圈图示来表示逻辑关系的想法。这种图示与今天在一些小学里教授的集合概念中的图形相似。

例如，用一个圆圈表示所有人，用另一个圆圈表示死者。如果每个人都会死，那么第一个圆圈就包含在了第二个圆圈内。苏格拉底就在那个较小的圆圈中，因为他是一个人；苏格拉底也会死，因为他也在较大的圆圈中。

在莱布尼茨之前，有一长串的 256 种三段论，以及亚里士多德的 256 个验证清单，非常复杂。而在莱布尼茨之后，我们只需要一种基本的数学方法，它适用于所有情况。

对此非常满意的莱布尼茨又有了一个更加雄心勃勃的想法。确切地说，是两个。一是发明一种通用的逻辑语言，二是建造一台万能的计算机。

这种语言必须能够表达所有人类自然语言的不同陈述，而这台机器必须能够判断该语言中的每个陈述是真还是假。

1854 年，英国人乔治·布尔①迈出了实现莱布尼茨这一双重梦想的第一步。他的著作《思维规律的研究》是亚里士多德的《工具论》的现代版本。

这个书名可能不太谦虚，但布尔只是用 0 和 1 做了些"数字游戏"。但是，他成功地证明了，即使是这样的"小把戏"也能产生深远的影响。

比如，把两个数字相乘，相乘的每个数字只能是 0 或 1。要使其结果等于 1，两个数字都必须是 1 才行。但是要使其结果等于 0，只需其中一个数字是 0。

爱情和婚姻也是同样的道理。两个人要想在一起，那必须两个人都同意。但如果要分手，只要有一方想分开就足够了。布尔发现这种情况在逻辑运算中也是如此。要使"这个和那个"是真的，需要"这个"和"那个"都必须为真。但是，要使"这个和那个"是假的，那么"这个"和"那个"当中有一个是假的就足够了。

换句话说，这两件事情的道理是一样的——数学中 0 和 1 的逻辑运算，以及语言中"假"和"真"的命题。

但这还不够！布尔指出，对数字 1 做减法类似于"否定"。没错，

---

① 19 世纪英国著名数学家和逻辑学家，著有《逻辑的数学分析》和《思维规律的研究》。乔治·布尔（1815—1864）提出的布尔代数不仅是数学的一个分支，而且成为数字电路设计和计算机科学不可或缺的一部分。他对数学、逻辑学以及计算机科学产生了深远影响。——编者注

如果让 1 减去 0 到 1 之间的任何一个数字，都会得出另一个数字。同样，如果你否定"假"和"真"之间的任何一个，也会得到另一个命题。

有趣的是，命题的逻辑可以完全由逻辑联结和逻辑否定的不同组合构成。因此，通过 0 和 1，我们可以用数学的方法表示和处理所有的逻辑问题。

或许你会问：对于这些平凡的发现，我们是否应该感到惊讶？但布尔将他的书起名为《思维规律的研究》是有原因的。实际上，从一开始，他就能够展示这些发现的应用实例。

例如，0 和 1 的"数字游戏"让人得以用数学的方式来表示亚里士多德三段论的所有逻辑。虽然乍一看，这似乎比命题逻辑复杂得多。

但最有趣的应用与莱布尼茨的第二个梦想有关。你还记得吗？这个梦想是关于机械工程的，现在该说一说它了。

想要一台能够自动进行所有数值计算的机器，首先需要一个能够执行四则运算的机械装置。

1642 年，法国人布莱士·帕斯卡[①]造出了一种带齿轮的器械，这是

① 法国数学家、物理学家、哲学家、散文家。1642 年，布莱士·帕斯卡（1623—1662）设计并制作了一台能自动进位的加减法计算装置，它被称为"帕斯卡加法器"，也是世界上第一台机械式计算机，为以后的计算机设计提供了基本原理和灵感。——编者注

机械式的计算器：顺时针拨动齿轮可以进行加法、得出总和；逆时针拨动，可以做减法。

1672 年，莱布尼茨改进了帕斯卡的设计，使这种机器能够进行乘法和除法运算。

你可以问问你的父母或祖父母，也许他们会记得过去在商店里看到的老式的手摇齿轮收银机，它们就是莱布尼茨计算器的现代版本。

1870 年，威廉姆·斯坦利·杰文斯[1] 改造了其中一台收银机，建造了一台能够执行所有布尔代数运算的机械装置。

1885 年左右，艾伦·马昆德[2]实现了这一机械装置的电气版。他利用了布尔代数无数应用中的一个。这一次，它涉及 0 和 1 的运算对应于特定的电路端口，电路的导线在其中汇集。

例如，对应于乘法的端口，有两根电线接入，有一根接出。只有在两根电线都有电流通过时，电流才会通过这个端口，否则不会。

对应于否定的端口，有一根接入的电线和一根接出的电线。如果电流进入，输出会受阻，反之亦然。

但令人惊奇的是，所有的电路都可以通过组合这两种类型的接入端口和输出端口来构建！因此，所有的布尔逻辑运算都可以通过电路来执行。

---

① 英国经济学家和逻辑学家。威廉姆·斯坦利·杰文斯（1835—1882）在著作《政治经济学理论》（1871 年）中提出了价值的边际效用理论。他是边际效用学派的创始人之一，也是数理经济学派的早期代表人物。——编者注

② 艾伦·马昆德（1853—1924）在 1885 年设计出了一台能够进行简单逻辑运算的电气逻辑机，他当时是美国霍普金斯大学哲学和伦理学研究员，也是美国哲学家、逻辑学家、数学家和科学家查尔斯·皮尔斯的学生。——编者注

因此，如果我告诉你布尔代数已经成为电气工程、电子学和计算机科学的基本组成部分，你不会感到太惊讶吧。

然而，为了完全实现莱布尼茨的梦想，还需要完成布尔最先开始的工作——通用逻辑语言。

1879 年，第一个完成这一步的人出现了，他是德国人戈特洛布·弗雷格[①]。他的《概念文字》是三段论逻辑的有力延伸。弗雷格可能不知道，他的《概念文字》为现代编程语言奠定了基础。

完成莱布尼茨梦想的第二步涉及通用计算机，它需要能够执行所有可能的运算。

像 IBM 这样的公司最初就是为了生产收银机而成立的。因此，它走上了一条明确清晰但可能漫无尽头的道路。它逐渐为当时的机器增加了更多的功能，使它们变得更加庞大，也更加强大。

但在 1936 年，一个名叫艾伦·图灵的 24 岁英国学生有了改变历史的"天才灵感"。就在那时，现代计算机理论诞生了。

> **图灵明白了编程的基本概念，即当机器达到足够的复杂程度时，它就能够读取并执行指令。**

从那时起，机器变成了可编程的通用计算机，可以逐渐给它分配不同的程序来执行。就像你用智能手机下载新的应用一样。

[①] 德国数学家、逻辑学家和哲学家，数理逻辑和分析哲学的奠基人。——编者注

图灵是一个与众不同的人。如果你想深入了解这个人，可以看看《模仿游戏》。这部电影讲述了图灵的传奇人生，虽然有点儿过于浪漫化，但电影还是赢得了奥斯卡金像奖。

简而言之，在第二次世界大战期间，图灵为英国政府工作，并成功破解了敌人的通信密码。

1950 年，图灵提出了"图灵测试"，为人工智能领域的发展奠定了重要基础。

1952 年，他因同性恋行为被捕并定罪。1954 年，年仅 42 岁的他就像白雪公主一样，吃了一个有毒的苹果自杀身亡。据说，iPhone 和 mac 上的苹果标志，其灵感就来自他悲剧性的结局。

是图灵编写了第一个象棋程序的雏形，虽然它没有在实际的计算机上得到执行。如今，现代的象棋程序可以轻松地"碾压"所有人，包括国际象棋世界冠军。

正是图灵意识到计算机可以接收和传输声音与图像，而我们现在每天使用的智能手机、计算机和平板电脑就是在做这些事情。

也正是图灵免费为我们提供了那些通用的"玩具"。但是今天，你要得到它们，你可能需要向比尔·盖茨或史蒂夫·乔布斯这样的人付钱，而他们只是将图灵的发明成果商业化了。

沃森、克里克揭开生命的秘密

（1953年）

你肯定注意到了，你长得很像你的亲生父母，但你和他们中的任何一个人又不完全相同。因为你只继承了爸爸妈妈的某些特征，而不是全部特征。

如果你有兄弟姐妹的话，他们也会继承你父母的其他特征。除非你们是同卵双胞胎，否则你可能和他们相当不同。

你，或者你的某个亲戚或朋友，可能会从你们各自的祖父母或曾祖父母那里继承了一些特征，但它们有可能是家族中前所未有的特征。例如，有时会发生这种情况：连续几代人都有着黑色的眼睛和头发，但突然之间，一个长着金发碧眼的家庭成员出现了。

众所周知，子女长得像父母。但是直到后来，人们才明白子女是如何从父母那里继承特征的，以及遵循了什么样的规律。

在发现这些规律之前，达尔文就已经提出了进化论。就进化论而言，达尔文知道子女与父母存在差异就足够了。如果因为差异，他们中的任何一个更适应环境，那么环境就会选择他生存下来并继续繁衍。

但是，你不能因为了解了进化论而忽视遗传学。就好比我们只知道化学元素周期表，但对其排列原则一无所知一样。

前者表明，你不理解生物学和化学之间的关系；而后者表明，你不懂化学与物理学之间的关系。

遗传定律是由一位叫格雷戈尔·孟德尔 ① 的修道院院长发现的。他在 1866 年对外发表了有关实验的研究结果的论文，大约是在达尔文的《物种起源》出版后的第 7 年，但当时没有引起人们的关注。直到 1900 年，他的贡献才得到广泛的认可，因为那时其他人也发现了同样的规律。

孟德尔意识到，遗传的秘密隐藏在"基因"中，尽管他当时称之为"遗传因子"。不管如何称呼它，正是基因包含了复制个体各种性状的指令。

达尔文不知道基因的存在，孟德尔虽然凭直觉意识到了它的存在，但他还不知道基因在哪里，也不知道基因所使用的"语言"是什么。

为了探索基因的存在，孟德尔在实验室中模仿了农民和饲养员在田间的做法：将具有不同性状的植物配对，或不同特征的家养动物配对，以获得杂交种。

然而，孟德尔增加了一个关键要素，那就是引入了统计学方法。正是这一点，使他能够得出精确的数值规律，而不是模糊的文字描述。

---

① 生物学家，现代遗传学的奠基人。格雷戈尔·孟德尔（1822—1884）通过豌豆实验，解开了遗传之谜，得到了遗传的重要规律，即分离规律和自由组合规律。——编者注

起初，孟德尔用老鼠进行实验，但他的修道院同僚并不赞同他的实验，对他一直观察动物交配十分反感。

因此，孟德尔只能转而研究植物。当然，植物也在做和老鼠一样的事情，只不过方式不那么张扬，更为隐蔽。

多年来，孟德尔在各种植物上的实验都一无所获。起初，他实验的范围从南瓜到苹果树。直到 1856 年，他改用豌豆进行实验，终于发现了一个特别适合遗传研究的品种。

实际上，豌豆具有易于识别的性状。它们便于操作，且产生的杂交种完全有能力繁殖。

孟德尔将具有相反性状的豌豆品种进行杂交。例如，外表光滑和外表粗糙的种子，豆荚是绿色和黄色的品种，花开在枝杈末端和开在分叉处的豌豆，或者是高茎豌豆和矮茎豌豆，等等。

他观察到，杂交的后代从来没有出现过中间性状。原始性状总是保持不变地传递给下一代，并且总是以 3∶1 的比例分布。孟德尔将出现较多的性状称为"显性性状"，将出现较少的性状称为"隐性性状"。

之后，他又对每个杂交种进行自交①实验，结果发现隐性性状有时会在上一代消失后再次出现。

换句话说，一株植物即使可能具有显性性状，但也会产生具有隐性性状的后代。就像一对有着黑色眼睛和头发的父母，也可能生出金发碧眼的孩子一样。

---

① 自交是指来源于同一个体的雌雄配子受精结合的过程。也被称为"自花授粉"，即同一朵花中，雄蕊的花粉落到雌蕊的柱头上以繁殖后代。——编者注

为了解释这种奇怪的现象，孟德尔的大脑突然灵光一现。他明白了，事实上，这些性状是由遗传因子决定的，而遗传因子是成对出现的，一个显现出显性性状，是显性遗传因子；另一个显现出隐性性状，是隐性遗传因子。

在繁殖过程中，这对遗传因子会分离。每个精子只携带父亲的遗传因子中的一个因子，而每个卵子只携带母亲的遗传因子中的一个因子。

在受精过程中，精子和卵子随机结合。孩子将再次拥有某个特征的一对遗传因子：一个来自父亲，另一个来自母亲。

在这对遗传因子中，至少有一个是显性遗传因子的发生概率是 3/4。在这种情况下，孩子会继承显性基因。

这对遗传因子也可能都是隐性的。这种情况的发生概率是 1/4，在这种情况下，孩子会继承隐性基因。

两个遗传因子中只有一个是隐性的发生概率是 1/2。在这种情况下，孩子有可能将其遗传给他们自己的子女。

看完以上内容后，你是不是想起来了什么？你应该想到了！因为孟德尔关于显性基因和隐性基因的遗传定律，你之前已经以不同的形式看到过。

　　孟德尔遗传定律有点儿像布尔关于 0 和 1 相乘的定律。如果两个数中至少有一个为 0，则这两个数的乘积为 0。如果两个数均为 1，则乘积为 1。

　　孟德尔的想法非常大胆。但要验证它，就必须了解基因在体细胞内的位置。

　　这一点是由研究果蝇的美国生物学家托马斯·摩尔根 ① 发现的。这种小动物非常适合用来做实验：它们体型小、繁殖能力强、寿命短，且实验成本低。

　　确实，一个试管中能装下数百只果蝇。雌性果蝇一次可以产下数百个卵，（在一定条件下）成年果蝇能活一个月左右。一点点变质的水果就足以喂养它们。

　　1910 年的一天，摩尔根偶然发现了一只眼睛是白色的果蝇，而其他果蝇的眼睛都是红色的。于是，他将这只白眼雄蝇与一只红眼雌蝇交配，结果只得到了红眼果蝇。

　　但白眼果蝇又在孙辈中出现了！所有雌性果蝇的眼睛都是红色的，雄性果蝇中也有一半是红色的，但另一半的雄性果蝇的眼睛是白色的。

　　摩尔根的大脑中响起了两声钟鸣。第一声钟鸣，是红眼和白眼的比例是 3∶1，这和孟德尔预测的完全一样！因此，红眼是显性基因，白眼是隐性基因。

　　第二声钟鸣，是这两个基因在雄性果蝇和雌性果蝇身上的表现不

① 美国生物学家，因其在遗传学领域的研究而闻名于世。托马斯·摩尔根（1866—1945）在研究工作中，发现了染色体在遗传中的关键作用。这一重大发现使他获得了 1933 年诺贝尔生理学或医学奖。——编者注

同。因此，这意味着它们与性别有关。但这解释起来更加复杂。

当时人们已经知道，果蝇的性别差异在于性染色体。这在所有有性繁殖的生物中都是一样的，包括人类。

染色体是特殊的细胞结构，自 19 世纪下半叶以来就为人所知。从名字看，它的意思是"着色的物体"，因为它们能被特定物质着色，以便在细胞内部更好地显现出来。

两条特定的染色体决定了果蝇的性别，它们被称为 X 和 Y。雄性有一对 XY 染色体，雌性有一对 XX 染色体。在两种情况下，X 染色体来自母亲，Y 染色体来自父亲。

根据观察，摩尔根推断出控制果蝇的眼睛颜色的基因一定位于 X 染色体上。他认识到，其他个体特征的基因也遵循相同的规律。这成了摩尔根的染色体遗传学说的基础，这一学说使他获得了 1933 年诺贝尔生理学或医学奖。

但是，还有两个问题有待解决：第一个是，确定基因在染色体内的具体位置。第二个是，要破译基因用来编码特征的"语言"。

早在 1869 年，弗雷德里希·米歇尔[①]就发现了 DNA。DNA 是

[①] 瑞士生物学家，在细胞生物学和分子遗传学的研究方面做出了重要贡献。1869 年，弗雷德里希·米歇尔（1844—1895）首次从白血球的细胞核中分离出一种称为"核素"的化学物质。这种物质后来被称为"核酸"。——编者注

Deoxyribonucleic Acid[①] 的缩写，中文译为"脱氧核糖核酸"。这个名称复杂的表象下蕴藏着许多有用的信息。其实，在化学领域，名称并不像日常语言那样是约定俗成的。相反，名称中的每个部分都代表着非常具体的东西。

例如，"脱氧核糖核酸"中的"酸"这个字告诉我们，DNA 具有酸性。

而"脱氧核糖"这个词意味着，DNA 是由一种类似核糖（ribo）的物质组成的，它存在于每个细胞中。但与正常的核糖相比，它又是一种缺少（De）氧（oxy）原子的特殊形式。

最后，"核"（nucleic）这个字表示，DNA 通常存在于生物体细胞核中。

人们后来了解到 DNA 是一个长分子，由一系列像乐高积木一样堆叠的"砖块"组成，这些砖块被称为"碱基"[②]。

如果你想尝尝碱基，这次你会尝到一种苦味，就像肥皂或氨水的味道，或者许多有毒物质的味道。苦味会促使你把它吐出来。

---

① DNA 是关键的生物分子，承担着存储和传递遗传信息的重要角色。DNA 的发现和研究不仅对理解生命科学至关重要，还推动了医学、农业等多个领域的进步。
——编者注

② 碱基是 DNA 和 RNA（核糖核酸）中记录生命基因的载体。生物体中常见的碱基有 5 种，即 A、T、C、G 和 U。这些碱基通过氢键连接形成碱基对，构成 DNA 或 RNA 的双螺旋结构，从而实现遗传信息的存储和传递。——编者注

你是不是很惊讶？居然是碱基构成了酸？这有点儿像用甜味的食材烹饪出了咸味的食物。而这种食物，咸只在其表，甜却在其内。

有 4 个碱基由字母 A、T、G、C[①] 表示。这些字母是它们的化学名称的首字母，我就不一一写出来了。

1944 年，奥斯瓦尔德·埃弗里[②] 证明了正是 DNA 包含了基因信息。但是 DNA 是如何以化学方式"编码"这些信息的还有待弄清楚。

1953 年 2 月 28 日是一个星期六。尽管如此，24 岁的美国人詹姆斯·沃森还是一大早就去了实验室，在那里他产生了一生中最重要的直觉。

他正在研究一个三维纸板拼图，其中每块拼板都对应着 DNA 的 4 种碱基的化学结构。沃森注意到这 4 种类型的拼图可以完美地匹配，成对排列：A 与 T、G 与 C。

上午，他的同事、英国人弗朗西斯·克里克也到了实验室，加入了他的研究，并立即意识到沃森的发现意味着 DNA 具有双螺旋结构。也就是说，它是由两对方向相反的链条构成的。

---

① A、G、C、T 分别代表腺嘌呤、鸟嘌呤、胞嘧啶和胸腺嘧啶。——编者注
② 美国细菌学家，分子生物学的先驱之一。奥斯瓦尔德·埃弗里（1877—1955）和他的合作者通过实验发现，DNA 是遗传信息的载体，从而开启了研究分子遗传学的大门。——编者注

中午时分，二人去了他们常去的餐馆。据说，在餐桌上，克里克向食客们"谦虚"地宣布，他刚刚和沃森一起发现了生命的秘密。

这个秘密现在众所周知，而且以你的年龄，也可以理解这个秘密了，那就是：

在每个生物细胞核中，都有一本大百科全书，它被称为"基因组"①。"印刷"它的纸张就是 DNA 的双螺旋结构，而"书"中的内容就是复制该生物的完整程序。

这部百科全书被分为一定数量的"册"，这些"册"就是染色体。每个物种都有一定数量的染色体，例如，果蝇有 4 对，人类有 23 对。

大多数生物体中，除非出现"印刷错误"，每"册"都有两份完全相同的副本。每份副本包含数百或数千个"章节"，这些"章节"就是基因。

这部百科全书是用 A、T、G、C 这 4 个字母书写的。所有的单词都恰好包含 3 个字母，它们被称为"密码子"②。每个密码子的第 1 个字母有 4 种可能性，第 2 个字母和第 3 个字母也分别有 4 种可能性。因此，

① 在分子生物学和遗传学领域，基因组是指一种生物体所含全部遗传物质的总和。基因组可以描述为生物体遗传信息的完整蓝图，决定了生物体的发育、功能和特征。
——编者注

② 密码子是遗传密码的单位。一个密码子由信使 RNA 分子中相邻的三个核苷酸组成。不同的生物密码子基本相同，即共用一套密码子。——编者注

总共有 64 个可能的密码子。

　　在普通语言中，文字对应事物，而在遗传学语言中，密码子对应构成生物蛋白质的 20 种氨基酸。一部基因组字典将 64 个三联体密码子中的每一个与 20 种氨基酸中的一个相关联，这部字典就被称为"遗传密码"。经过科学家的多年努力，包括马歇尔·尼伦伯格和哈尔·戈宾德·霍拉纳[①]所做的重要贡献，科学家最终于 1966 年破译了全部的遗传密码。

还有一件令人惊叹的事情。从细菌到大象，所有生物都使用完全相同的"字母""单词""字典"，以及语言（遗传密码），这证明它们有着共同的起源！

　　当然，沃森和克里克因他们的重要发现获得了 1962 年诺贝尔生理学或医学奖，尼伦伯格和霍拉纳因他们的破译工作在 1968 年也获得了这个奖项。之后，还有许多人紧随其后，来到了斯德哥尔摩[②]。从那时起，这些人帮助我们越来越多、越来越细致地了解了生命的秘密。

　　你现在也知道了这个秘密，虽然可能只是冰山一角。

① 美国生物化学家与遗传学家马歇尔·尼伦伯格（1927—2010）和美籍印度裔分子生物学家哈尔·戈宾德·霍拉纳（1922—2011）因在破解遗传密码过程中的重要贡献获得了 1968 年诺贝尔生理学或医学奖。——编者注

② 瑞典首都斯德哥尔摩的斯德哥尔摩古遗传学中心致力于探究人类和其他生物的遗传历史和演化历史，在古遗传学领域有一系列的研究成果。——编者注

冯·布劳恩助力人类登陆月球
（1969年）

　　你喜欢旅行吗？你可能已经去过很多地方了，但你梦想去的最远的地方是哪里呢？当然，你的答案取决于当今可用的交通工具。

　　如果你步行或骑马，可能可以像许多朝圣者那样，抵达菲尼斯特雷角或耶路撒冷这样的地方，甚至你可以像马可·波罗那样，远至中国北京。

　　今天，我们有了远洋轮船和飞机，有了它们，你去美洲和大洋洲就很轻松了。现在已经是航天时代，理论上，你能到达的地方已经超出了大气层的边界。

　　你梦想过成为一名正式的宇航员吗？那么，你必须飞到100千米以上的高度，就像之前许多宇航员已经做过的那样。他们当中，有24个人抵达了月球，其中有12个人甚至在月球上散了步。

　　你打算来一场月球之旅吗？如果有这个计划，那你得赶快预订航班，因为排队的人已经很多了！而且你必须准备一大笔钱，因为国际空间站的门票价格已经高达每人5000万美元左右了！

　　也许，你的梦想甚至是探访火星？那又是另外一个故事了，我们稍后再谈。

　　顺便说一句，你可能不知道，如果没有牛顿的发现，航天学可能根

本不会存在。在某种程度上，正是牛顿利用了运动定律和引力定律，并通过大胆想象，开启了航天领域的研究。你还记得我跟你提过的他的那本著作《自然哲学的数学原理》吗？去翻一翻，你会发现里面有很多前瞻性的想法，甚至可以说是科学幻想。

例如，牛顿设想从山顶水平发射一枚炮弹，炮弹沿着不同的轨迹飞行。当速度较低时，炮弹会落在附近。随着速度的增加，它的落点会越来越远。当速度超过一定界限时，炮弹就会进入围绕地球的轨道，甚至有可能被发射到宇宙空间。

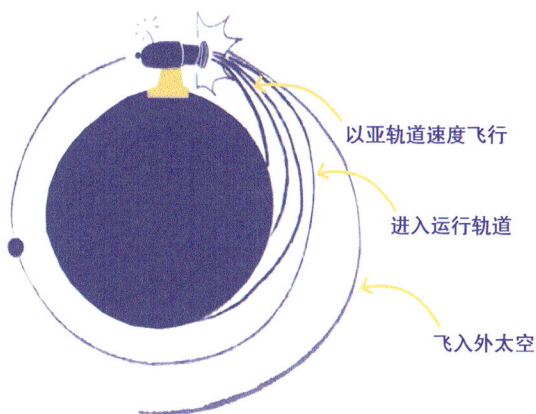

以亚轨道速度飞行

进入运行轨道

飞入外太空

可以使炮弹脱离地球的速度被称为"逃逸速度"①。牛顿计算出这个速度大约是每秒 11.2 千米，相当于每小时大约 40 320 千米。

如果你知道赤道有大约 40 000 千米长的话，这个数字一定会给你一

① 逃逸速度是指物体不再做任何加速也能逃离引力中心的吸引的速度。——编者注

些启发。那就是，一颗围绕地球低空飞行、掠过最高山峰的近地卫星，大约需要一个小时才能绕地球一圈。

如果增加卫星与地球的距离，它绕行地球一圈的时间也会增加。例如，如果在月球轨道上，卫星绕地球一圈正好需要一个月左右，因为月球围绕地球公转的周期（大约 27.3 天）就是一个月左右。

在大约 36 000 千米的高度，一颗卫星需要一个恒星日（大约 24 小时）才能绕地球一圈。想象一下，它沿着赤道绕地球运行，其运动方向与地球的自转方向一致，那么它会始终悬浮在地球表面上方的同一个点上。

你可能听说过地球同步卫星。这个名字意味着它们相对于地球是"静止"的，而且它们正好在大约 36 000 千米的高度处，围绕赤道运行。你知道这个想法是谁首先提出的吗？是阿瑟·克拉克[1]——科幻小说《2001 太空漫游》的作者！

如今，这种卫星被用于电视和通信。例如，一台卫星电视的固定天线都是指向这些卫星中的某一颗的。我们的长途电话信号也是从一颗卫星传送到另一颗卫星的。

---

[1] 英国科幻小说家。阿瑟·克拉克（1917—2008）的作品包括《童年的终结》（1953）、《月尘飘落》（1961）、《来自天穹的声音》（1965）、《2001 太空漫游》（1968）和《帝国大地》（1976）等，其中《2001 太空漫游》被誉为科幻文学的经典之作，拓展了人类理解宇宙的宽度、广度和深度，对许多科幻作家产生了深远的影响。——编者注

并非所有的卫星都是对地静止的。例如，GPS 卫星的运行高度就较低——大约 20 000 千米。这些 GPS 卫星被部署在地球周围，它们的运行速度是大约 12 小时绕地球一圈。正如我之前说过的，在这个高度，时钟上的时间会流逝得较慢，因此 GPS 在计算时必须考虑这一点，以免出现偏差，使人"误入歧途"。

甚至有高度更低的极地卫星，它们的高度在 300 千米到 1000 千米之间。之所以这样称呼它们，是因为它们会经过两极附近。它们的轨道平面垂直于地球赤道平面，可以在几个小时内绕地球一圈。

这种卫星主要用于测绘和侦察，因为它们并不总是经过相同的位置。也许你在晚上目睹过它们的身影。实际上，它们离地球相对较近，可以用肉眼观察。它们看起来就像是在天空中移动的亮点。

你可能已经猜到了，地球周围的天空非常拥挤。据估计，目前有超过 8000 颗卫星在轨运行，其中有很多已经不再使用。

但这种拥挤现象是在相对较近的时期中才出现的，也就是在 1957 年 10 月 4 日之后逐渐形成的。那天，历史上第一颗人造卫星——苏联的斯普特尼克 1 号卫星——发射成功，标志着人类正式迎来了航天时代。1961 年 4 月 12 日，苏联宇航员尤里·加加林进行了人类的第一次太空飞行。那次飞行不过是发射了一颗低轨道卫星，只飞行了不到两个小时，高度大约为 300 千米。

第一位宇航员只绕地球轨道飞行了大概一圈。他没有火箭减速器，不得不依靠降落伞返回地面。最终，他降落在一片田野上，周围都是惊讶的农民。

不过，登陆月球完全是另一回事儿。第一个认真思考这件事情的是儿童文学作家儒勒·凡尔纳。如果你还没有读过他的小说，那么我强烈推荐你读一读。

凡尔纳擅长构思引人入胜的奇幻冒险故事，并融入准确的科学知识。他的作品与许多过于不切实际的科幻小说大相径庭。

我特别推荐他的《从地球到月球》（1865 年）和《环绕月球》（1870 年）。读了之后，你会从中学到很多关于太空飞行的知识，还会对凡尔纳能够预见到一个世纪后的世界会发生什么大为惊奇。

尤其是，他预见了 1968 年阿波罗 8 号的太空飞行。那次飞行标志着人类第一次离开近地轨道、绕月飞行的历史性时刻。

凡尔纳还预见了 1970 年阿波罗 13 号的太空飞行。那次飞行出了很多问题，正如你在电影《阿波罗 13 号》中看到的那样，三名宇航员差点儿无法返回地球。

凡尔纳的小说和阿波罗任务之间有许多相似之处，而且几乎准到不可思议。比如，发射地点，凡尔纳选择了美国佛罗里达州一个非常靠近卡纳维拉尔角的位置，而阿波罗登月计划正是从那里展开的。

凡尔纳还预言登月飞行任务所需的时间是大约一周，以及太空舱与宇航员会在太平洋着陆。

当然也有不同之处，因为现实比虚构的小说复杂得多。例如，在凡尔纳的故事中，宇航员在整个旅程中都没有失重感，而且他们在没有降落伞的情况下也安全着陆了。

但真正的问题在于，凡尔纳设想使用大炮发射飞船，使飞船达到逃逸速度，这与牛顿第二运动定律的思路一致，但这只能在理论上行得通。

实际上，大气的阻力会导致航天器过热和变形，所需的加速度也远远超过了人类的承受极限。

由于这几点以及其他一些原因，从来没有人能够仅凭一门大炮将物体射入轨道。而真正的太空任务总是使用多级火箭，就像连发枪或机枪那样连续发射。

通过这种方式，航天器的速度可以逐渐提高。与此同时，它会被带到更高的高度，需要的逃逸速度也会降低。

说实话，制造越来越强大的大炮一直是军事家的执念。在航天时代之前，他们所能设计的极限就是 V−3 火炮。

这是一门几乎可以将炮弹从法国加莱发射到伦敦的大炮，射出的炮弹几乎能横跨整个英吉利海峡。也就是说，炮弹的飞行距离大约为 150 千米。

这种大炮已经包含了多级火箭的想法。这意味着炮弹会在长达 130 米的炮管内，通过一连串的推进阶段获得动能，发射出去。在预想中，炮弹的最大速度略超过每秒 1 千米，这大约为地球逃逸速度的 1/10。

第二次世界大战结束后，从事这些项目的德国科学家和技术人员大部分去了美国，少数去了苏联。这两个超级大国都把他们纳入了自己的太空计划，其中最著名的是沃纳·冯·布劳恩，是他设计和研发了 V-2 火箭。但美国还是让他负责了美国国家航空航天局（NASA）的太空研究项目！

正是冯·布劳恩设计了巨大的土星 5 号火箭，它将阿波罗计划的航天器送入了轨道。

1969 年 7 月 20 日，阿波罗 11 号登陆月球。两周后，冯·布劳恩向 NASA 提交了一份未来计划，预计在 1982 年将人类送上火星。

对于冯·布劳恩来说，登陆月球只是一种消遣，或者是一种试验罢了。他真正的科学梦想是登陆火星。早在 1952 年，他就发表了一份详尽的火星任务计划，并完成了所有必要的计算。

他还写了一本小说——《火星计划》（*The Mars Project*），希望借此激发人们的兴趣，说服那些非专业人士。你可以读一读这本小说，把它和凡尔纳的那两部小说对比一下，你会发现很多有趣的东西！

很可惜，尼克松总统并不赞成这个计划。他甚至取消了阿波罗计划中的最后三次任务。至此，太空竞赛的真正目的已经实现，似乎不再需要航天事业。

但是，你可能会问，太空竞赛的真正目的不就是突破人类的极限，或者满足人类对冒险的渴望吗？不，完全不是。否则，我们早就能去火星了。实际上，真正的目的应该是开发用于运载核弹头的洲际弹道导弹。确实，这些东西一直在被开发和生产。

现在，火星再一次进入我们的视线。这次，要谈论的是埃隆·马斯克，他不像冯·布劳恩那样的科学家，而是像比尔·盖茨和史蒂夫·乔布斯那样的美国商人。

在过去的几年内，马斯克创办的公司 SpaceX（太空探索技术公司）研发了名为"星舰"的可重复使用的大型运载火箭系统。它还将一个称为"星链"的由数千颗低轨道卫星组成的专用网络送入了轨道。此外，它计划未来将人类送往火星。

不过，你要小心像马斯克这样的人。他们对科学不感兴趣，而是对金钱兴致盎然。你还要提防像冯·布劳恩这样的科学家。他们为出价最高的人工作，并为雇主提供高级的太空工具，以实现地球人的低层次目标。

你还记得吧，在本书第一个人物故事的最后，我就谈到过科学探索所面临着的风险。一方面，它会产生知识，但另一方面它会造就财富。若两者不能兼得，科学家就会被其一所吸引。科学探索似乎是一把"魔鬼般"的双刃剑。遗憾的是，历史上确实有一些天才屈服于此。

但幸运的是，本书介绍的科学天才中，大多数都是对知识感兴趣的，他们是推动科学进步的真正英雄，值得人类感激和尊敬。

但我也举了个别反面的例子，这样你就不会觉得在科学世界中只有光明，没有阴影了。实际上，两者兼有，但这不应该成为我们悲观和失望的理由。毕竟，正是在阴影的衬托下，光芒才显得愈发耀眼和珍贵。

版 权 声 明